¡VAYAMOS AL GRANO!

¡VAYAMOS AL GRANO!

CEBADA, ESPELTA, CHÍA Y OTROS CEREALES

This edition published by Parragon Books Ltd in 2014 and distributed by:

Parragon Inc.
440 Park Avenue South, 13th Floor
New York, NY 10016, USA
www.parragon.com/lovefood

LOVE FOOD is an imprint of Parragon Books Ltd

ISBN: 978-1-4723-4653-7

Impreso en China/Printed in China

Recetas nuevas, introducción y otros textos: Christine McFadden
Fotografías nuevas: Noel Murphy
Nueva economía doméstica: Jane Lawrie
Diseño adicional: Geoff Borin
Ilustraciones del interior: Julie Ingham y Nicola O'Byrne
Asesoramiento nutricional: Judith Wills

Traducción: Carme Franch para Delivering iBooks & Design
Redacción y maquetación: Delivering iBooks & Design, Barcelona

Notas:
En este libro las medidas se dan en los sistemas métrico e imperial. Cuando el nombre de algún ingrediente varía de una región del ámbito hispánico a otra, se ha procurado ofrecer las variantes. Se considera que 1 cucharadita equivale a 5 ml y 1 cucharada, a 15 ml; asimismo, las tazas indicadas en las medidas son rasas. Si no se da otra indicación, la leche será siempre entera; la mantequilla, con sal; los huevos, grandes; las verduras u hortalizas, de tamaño medio, y la pimienta, negra y recién molida. Si no se da otra indicación, lave y pele las hortalizas de raíz antes de añadirlas a las recetas.

Las guarniciones y sugerencias de presentación son opcionales y no siempre se incluyen en la lista de ingredientes o la preparación. Los tiempos indicados son orientativos. Los tiempos de preparación pueden variar de una persona a otra según su técnica culinaria; asimismo, también pueden variar los tiempos de cocción. Los ingredientes opcionales, las variaciones y las sugerencias de presentación no se han incluido en los cálculos.

Las recetas que llevan huevo crudo o poco hecho no están indicadas para niños, ancianos, mujeres embarazadas ni personas convalecientes o enfermas. Se recomienda a las mujeres embarazadas o lactantes que no consuman cacahuetes ni productos derivados. Las personas alérgicas a los frutos secos deberán omitirlos en las recetas que los lleven. Lea siempre con atención el envase de los productos antes de consumirlos.

Créditos fotográficos:
El editor desea dar las gracias a las siguientes personas y entidades por su permiso para reproducir material registrado. Las ilustraciones de la cubierta son cortesía de iStock.

ÍNDICE

INTRODUCCIÓN

Sin prisa, pero sin pausa, los cereales han escalado posiciones hasta ocupar el lugar que merecen en la cocina cinco estrellas del siglo XXI. Ya no solo se consideran un alimento saludable, sino que se han convertido en ingredientes indispensables en la cocina, aparecen en revistas de gastronomía y *blogs,* y se abren espacio en las estanterías del supermercado. Pero, ¿qué son los cereales? ¿Por qué despiertan tanto interés?

Los cereales (de Ceres, la diosa romana de la agricultura) son las semillas de plantas gramíneas como el trigo, el arroz o la cebada. Encierran el embrión de la planta, que a su vez contiene un paquete de nutrientes concentrados necesarios para su crecimiento. La quinoa y el amaranto, entre otros, se consideran seudocereales, porque no son gramíneas pero tienen casi las mismas propiedades nutritivas y usos culinarios.

Los cereales son los grandes supervivientes del reino vegetal. Poco exigentes en general, prosperan tanto bajo un sol de justicia como a temperaturas bajo cero o en suelos pobres. En la prehistoria los cereales fueron uno de los primeros alimentos que pudieron almacenarse. Fueron imprescindibles para que la sociedad nómada echara raíces, y hoy en día son un alimento básico para aproximadamente la mitad de la población mundial.

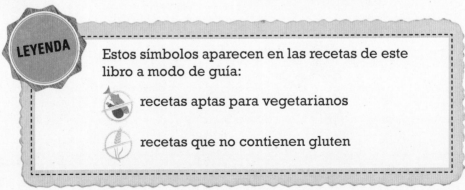

LEYENDA

Estos símbolos aparecen en las recetas de este libro a modo de guía:

recetas aptas para vegetarianos

recetas que no contienen gluten

ARROZ ROJO

ALFORFÓN TOSTADO

TRIGO ZOROLLO

CHÍA

QUINOA

CEBADA PERLADA

AMARANTO

AVENA

MIJO

ESPELTA

CEREALES

QUINOA
Chenopodium quinoa

- - - - - - - - - - - - - - - - -

La quinoa es originaria de Perú y Bolivia, donde los incas la conocían como «el grano dorado». Relacionada botánicamente con la remolacha y las espinacas, es una planta resistente y supera en nutrientes al resto de los cereales. Se dice que es el único alimento vegetal que contiene los nueve aminoácidos esenciales, lo que la equipara a la proteína animal. Además, no contiene gluten. La quinoa no solo tiene una ficha nutricional intachable, sino que también es rápida y fácil de preparar. Sírvala como guarnición y en todo tipo de platos, desde ensaladas, sopas, guisos, rellenos y huevos, hasta pan, pasteles y postres.

Cesta de la compra
Grano: Minúsculas semillas blancas, rojas o negras con una franja clara alrededor del borde.
Copos: Para hacer gachas, como los copos de avena.
Grano hinchado: Se toman como otros cereales para el desayuno.
Harina: Sin gluten, algo amarga. Se mezcla con otras harinas para que los horneados suban.

Cocción
• Las semillas están recubiertas de saponina, una sustancia natural amarga que se elimina antes de envasarlas. Aun así, en casa hay que enjuagar la quinoa, en un colador de malla fina y bajo el chorro de agua fría, removiéndola con los dedos.
• Calcule 1 parte de quinoa por 2 de líquido.
• Póngala en una cazuela con el líquido y sal. Llévela a ebullición, tápela y cuézala a fuego lento 10 minutos. Apártela del fuego pero déjela tapada 7 minutos más para que se hinche. La franja del borde se soltará formando una espiral. Escúrrala y ahuéquela con un tenedor.

Sabor
Suave, algo herbáceo. Ofrece una textura única: marcadamente tierna y ligera, pero a la vez crujiente. La blanca tiene un punto dulce, mientras que la roja es algo más seca y un poco más crujiente. La negra posee un sabor más fuerte y un marcado punto crujiente.

AMARANTO
Amaranthus caudatus

El antiguo alimento sagrado de los aztecas es un pseudocereal botánicamente relacionado con las espinacas y las acelgas. Rica fuente de proteínas y calcio, es muy digestivo y no contiene gluten. Con amaranto se hacen sopas, guisos, gachas, batidos, postres, pan y pasteles.

Alforfón con calabaza
y champiñones (pág. 92)

Cesta de la compra
Grano: Semillitas de color crema.
Harina: Sin gluten, algo amarga. Se mezcla con otras harinas para que los horneados suban.

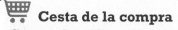

Cocción
• Antes de cocerlo, déjelo 8 horas en remojo, escúrralo y enjuáguelo.
• Calcule 1 parte de amaranto por 2 de líquido.
• Póngalo en una cazuela con el líquido y una pizca de sal. Llévelo a ebullición, tápelo y cuézalo a fuego lento de 15 a 20 minutos. Apártelo del fuego, pero déjelo tapado de 10 a 15 minutos más para que se hinche. Ahuéquelo con un tenedor.

Sabor
Intenso, terroso, parecido al del maíz. La textura es algo arenosa (el remojo ayuda) y, si se deja reposar, tiende a gomosa.

ALFORFÓN
Fagopyrum esculentum

El alforfón pertenece a la familia del ruibarbo y la acedera. Se vende crudo y tostado. En algunos países el alforfón tostado se llama erróneamente *kasha,* palabra rusa que en realidad hace referencia a cualquier cereal cocido.

Cesta de la compra
Grano crudo: Algo bulboso, triangular, de color beis-verde.
Grano tostado: Marrón rojizo.
Harina: Sin gluten. Múltiples usos, desde tortitas hasta repostería.
Fideos soba japoneses:
Finos, marrones, de textura algo rugosa. En algunas ocasiones se elaboran con una mezcla de harina de alforfón y trigo, de manera que si lo que está buscando son

fideos de alforfón puro sin gluten, lea bien la etiqueta.

Cocción

• Calcule 1 parte de alforfón por 1½-2 de líquido.

• Póngalo en una cazuela con el líquido y una pizca de sal. Llévelo a ebullición, tápelo y cuézalo a fuego lento de 10 a 15 minutos. Vigile de cerca la cocción, ya que el alforfón absorbe el líquido y tiende a convertirse en una papilla. Cuando esté tierno pero aún entero, escúrralo.

Sabor

En crudo: Suave, algo herbáceo.
Tostado: Muy terroso.

Albóndigas con tomate (pág. 96)

CHÍA
Salvia hispanica

Calificada por sus devotos como el alimento nutritivo por excelencia, la chía fue el sustento de los aztecas. Y lo cierto es que estas minúsculas semillas encierran abundantes nutrientes. Poseen la mayor concentración de ácidos grasos omega-3 del mundo vegetal, todos los aminoácidos esenciales y vitaminas y minerales. Además, no contienen gluten.

Se toma en crudo con ensaladas, sopas, salteados y los cereales del desayuno, y se puede añadir a panes y pasteles. Pero es más versátil cuando se transforma en gelatina, un producto insípido que se incorpora en batidos, postres fríos y aliños, o como aglutinante de albóndigas y hamburguesas.

🛒 Cesta de la compra

Semillas: Diminutos óvalos blancos, marrones, grises o negros.
Molida: Se utiliza como espesante.

Gelatina:

Remoje de 15 a 30 minutos 1½ cucharadas de semillas en 125 ml/½ taza de líquido. Bátalo cada 5 minutos con las varillas para que no se agrume. Tápelo y guárdelo en la nevera, dos semanas como máximo.

Sabor

Las semillas son duras y crujientes, con un sabor a frutos secos no dominante.

FARRO
Triticum dicoccum

- - - - - - - - - - - - - - - -

El farro es una antigua variedad italiana de trigo que suele confundirse con la espelta *(Triticum spelta).* Los cocineros profesionales y los mejores restaurantes lo han devuelto en los últimos años al panorama gastronómico. Sírvalo como guarnición o haga con él sopas, ensaladas, guisos y *risottos* (o *farrottos,* según se dice en Italia).

 Cesta de la compra
Grano entero: Ovalado, marrón.
Semiperlado: La capa de salvado se ha roto para que el calor penetre antes.
Perlado: La capa de salvado se ha eliminado para que se cueza más deprisa.
Harina: Baja en gluten. Se mezcla con otras harinas para que los horneados suban.

Cocción
• No hace falta remojar el farro semiperlado o perlado, pero el de grano entero sí conviene remojarlo para reducir el tiempo de cocción. Remójelo de 8 a 16 horas y escúrralo. Enjuáguelo bien, tanto si lo ha remojado como si no.
• Ponga el farro en una cazuela con una pizca de sal y cúbralo bien con agua. Llévelo a ebullición, tápelo y cuézalo a fuego lento de 10 a 50 minutos, según de cuál se trate y de lo tierno que quiera que quede. Vaya probándolo cada 10 minutos. Cuando esté hecho, escúrralo.

 Sabor
El farro posee un intenso sabor a frutos secos. En cuanto a textura, es exquisitamente mullido y masticable.

TRIGO ZOROLLO
Triticum durum

- - - - - - - - - - - - - - - -

Muy apreciado en Oriente Próximo, se está convirtiendo en un cereal imprescindible en Occidente. Se trata de trigo verde que se quema antes de cosecharlo, y posee un aroma y un sabor ahumados únicos. Contiene más proteínas, vitaminas y minerales que el arroz o el trigo normal. Al procesarlo sin esperar a que madure, contiene menos gluten que el trigo habitual. Aun así, no deja de ser trigo, por lo que las personas con intolerancia al gluten y los celíacos deben evitar comerlo. Sírvalo como guarnición o prepare con él *risottos*, sopas, rellenos y guisos.

Cesta de la compra
Grano entero: Áspero y marrón verdoso.
Grano partido: Gris verdoso más claro y de forma irregular.

Ensalada de espelta y zanahoria
(pág. 70)

ESPELTA
Triticum spelta

Antigua variedad de trigo que a veces se confunde con el farro *(Triticum dicoccum),* reintroducida hace unos años. Es más rica en proteínas y fibra que el trigo normal, y las personas que tienden a acumular gases suelen tolerarla mejor. Sírvala como guarnición o en *risottos,* sopas, guisos y ensaladas.

 Cesta de la compra

Grano entero: Grande, marrón rojizo.
Perlada: La capa de salvado se ha roto para que el calor penetre más deprisa.
Harina: Fácil de usar. Hace que la masa de pan suba muy bien.

 Cocción

• No hace falta remojar la espelta perlada, pero remojar la de grano entero reduce el tiempo de cocción. Remójela de 8 a 16 horas y escúrrala. Enjuáguela bien, tanto si la ha remojado como si no.
• Ponga la espelta en una cazuela con una pizca de sal y cúbrala bien de agua. Llévela a ebullición, tápela y cuézala a fuego lento de 10 a 50 minutos, según si es perlada o entera, y según lo al dente o tierna que quiera que quede. Vaya probándola cada 10 minutos. Cuando esté hecha, escúrrala.

(♟) **Sabor**

La espelta tiene un intenso sabor a frutos secos, más bien dulce, y una textura agradablemente cremosa.

TRIGO ZOROLLO (CONTINUACIÓN)

 Cocción

• Vaya dejando caer los granos en un bol con agua y deseche las cascarillas que queden flotando. Cambie el agua varias veces y escúrralo.
• Calcule 1 parte de trigo zorollo por 2 de líquido.
Ponga en una cazuela el trigo, una pizca de sal y el líquido. Llévelo a ebullición, tápelo y cuézalo a fuego lento, si es partido, 25 minutos; entero, 45 minutos. Cuando esté tierno, pero sin que se deshaga, escúrralo.

 Sabor

Los granos son algo crujientes y tienen un agradable sabor ahumado.

CEBADA
Hordeum vulgare

- - - - - - - - - - - - - - - - - -

Infravalorada teniendo en cuenta el juego que da en la cocina. No solo se puede echar en sopas, sino que también queda elegante en ensaladas y *risottos* (u *orzottos,* como se llaman en Italia los *risottos* de cebada).

Cesta de la compra
Integral: Grano beis.
Perlada: Despojada de buena parte del salvado.
Harina: Baja en gluten. Se mezcla con otras harinas para que los horneados suban.

Cocción
- Enjuáguela varias veces para lavarla.
- Si es integral, remójela de 4 a 8 horas antes de cocerla.
- Calcule 1 parte de cebada por 2½ de líquido.
- Póngala en una cazuela con el líquido y una pizca de sal. Llévela a ebullición, tápela y cuézala a fuego lento. Si la cebada es perlada, cuézala de 30 a 45 minutos; si es integral, 75 minutos. Escúrrala.

Sabor
La cebada queda agradablemente entera y posee un sabor rico y terroso.

MIJO
Panicum miliaceum/
Pennisetum glaucum

- - - - - - - - - - - - - - - - - -

El principal sustento en el África occidental y el Asia oriental desde siempre, el mijo está infravalorado en Occidente. Sin embargo, es uno de los cereales más sabrosos que existen, posee una textura ligera y es versátil y fácil de preparar. Sírvalo como guarnición, o bien prepare rellenos, ensaladas, sopas, guisos y gachas.

Cesta de la compra
Grano: Amarillo claro, pequeño.
Harina: Sin gluten. Para horneados, se mezcla con otras harinas.

Cocción
- Enjuáguelo varias veces y escúrralo.
- Ponga agua a hervir en una olla. Eche el mijo y una pizca de sal. Para que quede esponjoso, cuézalo a fuego fuerte 10 minutos y escúrralo. Si prefiere una textura más cremosa, como de gachas, prolongue la cocción.

Sabor
El mijo posee un sabor suave y una textura algo cremosa, pero a la vez tiene un interesante punto crujiente.

AVENA
Avena sativa

Se dice que la cuna de este cereal resistente que prospera en condiciones extremas es Escocia, pero Irlanda también se atribuye su origen. Aunque en teoría no contiene gluten, es fácil que se cruce con cereales que sí lo contengan. Si es celiaco, compruebe que en el envase ponga «sin gluten». La avena es un ingrediente habitual del muesli y las galletas de avena, pero con ella también se pueden preparar guisos, rellenos, coberturas y postres.

 Cesta de la compra
Entera: De un marillo claro. Precisa largo remojo y tiempo de cocción.
Grano partido: Troceada.
Copos: Granos enteros parcialmente cocidos al vapor y aplastados para reducir el tiempo de cocción.

 Cocción
Copos: Calcule 1 parte de copos por 6 de agua. Tuéstelos unos minutos para potenciar su sabor a frutos secos. Échelos en el agua y añada una pizca de sal. Remueva a fuego lento-medio hasta que hiervan. Baje el fuego al mínimo y remueva 5 minutos, hasta obtener una textura espesa y cremosa.

Grano entero: Remójela 8 horas y escúrrala. Póngala en una olla, cúbrala bien con agua y eche una pizca de sal. Llévela a ebullición, baje el fuego y cuézala de 45 a 75 minutos.

 Sabor
A frutos secos, cremoso y muy reconfortante.

ARROZ INTEGRAL
Oryzia sativa

Al quedar el salvado y el germen intactos, el arroz integral concentra muchos más nutrientes que el blanco. Ningún arroz contiene gluten.

 Cesta de la compra
Integral de grano largo: Granos finos y alargados que adquieren una textura esponjosa con la cocción.
Integral de grano corto: Granos gorditos que suelen pegarse entre sí con la cocción.
Basmati integral: Granos largos y muy finos que quedan consistentes y sueltos tras la cocción.
Rojo: Granos largos de un rojo amarronado, blancos por dentro. Quedan consistentes y sueltos tras la cocción.

 Cocción
• Una hora de remojo, no imprescindible, reduce el tiempo de cocción.

• Calcule 1 parte de arroz por 2 de líquido. Ajuste el tiempo de cocción según si lo prefiere al dente o tierno.

• Ponga en una cazuela el arroz, el líquido y una pizca de sal. Llévelo a ebullición y remuévalo una vez. Tápelo y cuézalo a fuego lento de 30 a 45 minutos, o hasta que se absorba todo el líquido. Déjelo reposar 5 minutos y ahuéquelo con un tenedor.

• En algunas recetas el arroz se rehoga antes de verter el líquido.

 Sabor

El arroz integral, largo y corto, tiene una agradable textura masticable. El basmati integral, por su parte, tiene un aroma floral muy característico y una textura cremosa. El arroz rojo tiene un intenso sabor a frutos secos, tendiendo a carnoso, y queda entero y con marcada textura.

Pan de kamut con plátano y nueces (pág. 36)

KAMUT
Triticum turgidum turanicum

En realidad, Kamut es una marca registrada con la que se comercializa *khorasan,* un trigo egipcio antiguo. Es más rico en proteínas y gluten que el trigo estándar. Sírvalo como guarnición o en sopas, guisos y ensaladas.

 Cesta de la compra

Grano entero: Ancho, alargado y dorado.

Harina: Excelente para hacer pasta. Da un sabor rico y mantecoso al pan y los pasteles.

 Cocción

• Con 8 horas de remojo se reduce el tiempo de cocción. Escúrralo y enjuáguelo bajo el chorro de agua fría después de remojarlo.

• Calcule 1 parte de kamut por 3 de líquido.

• Ponga en una cazuela el kamut con una pizca de sal y el líquido. Llévelo a ebullición, tápelo y cuézalo a fuego lento. Si lo ha remojado, necesitará de 30 a 40 minutos de cocción; si no, más o menos 1 hora. Cuando esté tierno, pero sin que se deshaga, escúrralo.

 Sabor

El kamut presenta un sabor rico y una agradable textura masticable.

DESAYUNOS CON MIGA

BATIDO DE FRUTOS ROJOS

PARA: 4 PERSONAS

PREPARACIÓN:
10 MINUTOS,
MÁS REPOSO

COCCIÓN: NINGUNA

INGREDIENTES

1 cucharada de semillas de chía
(preferiblemente blancas)

375 ml/1½ tazas de leche
de soja

125 g/1 taza de frutos rojos
variados a medio descongelar,
y unos cuantos más
para adornar

1 plátano (banana) maduro
en rodajas

3 orejones de albaricoque
(damasco) troceados

2 cucharadas de miel

zumo (jugo) de limón al gusto

1. Ponga la chía en un cuenco. Vierta 125 ml/½ taza de la leche de soja y déjela en remojo 15 minutos. Bátala con las varillas cada 5 minutos para que no se agrume.

2. Ponga el resto de los ingredientes en la batidora. Añada la chía remojada con su líquido gelificado.

3. Tritúrelo 1 minuto, o hasta que quede homogéneo. Reparta el batido entre cuatro vasos y adórnelo con unos frutos rojos.

Remojadas, las semillas de chía forman una gelatina que puede espesar sopas, guisos y rellenos de tartas de fruta y pasteles. En la nevera, la gelatina se puede conservar hasta dos semanas, por lo que merece la pena hacer de sobra.

COMPOTA DE FRUTA CON QUINOA

Cocida con miel, nuez moscada y ralladura de naranja, la quinoa absorbe todo el dulzor y el aroma de los condimentos. Si se le añade fruta recién cocida, este desayuno se convierte en un delicioso postre.

PARA: 2 PERSONAS

PREPARACIÓN: 15 MINUTOS, MÁS REPOSO

COCCIÓN: 20 MINUTOS

INGREDIENTES

75 g/½ taza de quinoa blanca, enjuagada

500 ml/2 tazas de agua

2 cucharaditas de miel, y un poco más para servir

1 pizca de nuez moscada recién rallada

la ralladura fina de 1 naranja pequeña

10 orejones de albaricoque (damasco) partidos por la mitad

6 ciruelas pasas sin el hueso (carozo) y partidas por la mitad

3 rodajas de manzana deshidratada partidas por la mitad

4 cucharadas de arándanos rojos deshidratados

2 cucharadas de virutas de coco

1. Ponga la quinoa en una cazuela con 225 ml (1 taza) del agua. Añada la miel, la nuez moscada y la mitad de la ralladura de naranja.

2. Llévelo a ebullición, tápelo y cueza la quinoa a fuego lento 10 minutos, o según las indicaciones del envase, hasta que absorba casi todo el líquido. Aparte la cazuela del fuego, pero déjela tapada 7 minutos más para que la quinoa se hinche. Ahuéquela con un tenedor.

3. Mientras tanto, ponga en otra cazuela los orejones, las ciruelas, la manzana y los arándanos. Añada el resto del agua y de la ralladura de naranja.

4. Lleve la fruta a ebullición y cuézala a fuego medio 4 o 5 minutos, hasta que esté tierna. Sáquela de la cazuela y reserve el líquido de cocción.

5. Reparta la quinoa entre dos cuencos. Añada la fruta y riéguelo con el líquido reservado.

6. Esparza las virutas de coco por encima y sírvalo.

GACHAS DE AVENA, QUINOA Y MIJO

Muy rica en proteínas y sin gluten, esta receta es una bomba de nutrientes gracias a la quinoa, la avena y el mijo: ideal para empezar el día con fuerzas. El mijo pone el contrapunto crujiente a la cremosidad de la quinoa y la avena.

PARA: 4 PERSONAS **PREPARACIÓN: 10 MINUTOS** **COCCIÓN: 45 MINUTOS**

INGREDIENTES

40 g/½ taza de copos de avena sin gluten

40 g/½ taza de copos de quinoa

40 g/¼ de taza de mijo enjuagado

25 g/2 cucharadas de mantequilla

850 ml/3½ tazas de agua

1 pizca de sal

½ cucharadita de canela molida

¼ de cucharadita de esencia de vainilla

1 pizca de nuez moscada recién rallada

90 g/½ taza de pasas

leche o nata (crema) y azúcar moreno, para servir

1. Ponga la avena, la quinoa, el mijo y la mantequilla en una cazuela de base gruesa, preferiblemente antiadherente. Caliéntelo a fuego medio y remueva unos minutos, hasta que la mantequilla se derrita y los cereales huelan a tostado.

2. Vierta el agua y añada la sal, la canela, la vainilla, la nuez moscada y las pasas.

3. Llévelo a ebullición a fuego medio-lento, removiendo. Luego, cuézalo a fuego lento unos 35 minutos, removiendo a menudo, hasta que los cereales estén tiernos pero sin que el mijo se deshaga.

4. Reparta las gachas entre cuatro cuencos. Añada un poco de leche, espolvoréelas con azúcar moreno al gusto y sírvalas enseguida.

¡GRAN IDEA!

Mezcle con las gachas calientes leche o nata muy frías justo antes de servirlas en lugar de durante la cocción, y disfrutará de un agradable contraste.

QUINOA INFLADA CON FRUTA

La quinoa inflada es una alternativa saludable a los cereales habituales. Aquí se ha ablandado con zumo de manzana en lugar de leche. Una forma refrescante de empezar el día y una buena opción para los pocos amigos de la leche.

PARA: 1 PERSONA   **PREPARACIÓN:** 10 MINUTOS, MÁS REPOSO   **COCCIÓN:** NINGUNA

INGREDIENTES

25 g/¾ de taza de quinoa inflada

125 ml/½ taza de zumo (jugo) de manzana

1 plátano (banana) pequeño en rodajas finas

½ manzana roja crujiente en cuñas finas

2 cucharaditas de pipas (semillas) de calabaza (zapallo anco)

miel, para rociar

yogur griego, para servir (opcional)

1. Ponga la quinoa en un cuenco de servicio. Añada el zumo de manzana y remueva hasta que la quinoa quede sumergida. Déjela reposar unos minutos.

2. Disponga las rodajas de plátano y las cuñas de manzana por encima de la quinoa.

3. Esparza las pipas de calabaza y rocíelo con un poco de miel. Sírvalo enseguida, con yogur si lo desea.

¡GRAN IDEA! Una variación igual de deliciosa: sustituya el zumo de manzana por zumo de naranja recién exprimido. También puede sustituir la manzana por pera.

HUEVOS REVUELTOS CON QUINOA AL CEBOLLINO

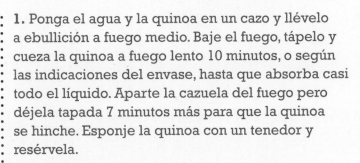

Gracias a la quinoa blanca, de textura ligera y esponjosa, estos huevos revueltos quedan todavía más saciantes y nutritivos. Para disfrutar aún más del sabor, hágalos con huevos ecológicos o de gallinas camperas.

PARA: 2 PERSONAS

PREPARACIÓN:
5 MINUTOS

COCCIÓN: 20 MINUTOS,
MÁS REPOSO

INGREDIENTES

5 cucharadas de agua

½ cucharada de quinoa blanca enjuagada

4 huevos grandes

1½ cucharadas de cebollino (cebollín) picado

40 g/3 cucharadas de mantequilla

sal y pimienta al gusto

pan de masa madre tostado, para servir

1. Ponga el agua y la quinoa en un cazo y llévelo a ebullición a fuego medio. Baje el fuego, tápelo y cueza la quinoa a fuego lento 10 minutos, o según las indicaciones del envase, hasta que absorba casi todo el líquido. Aparte la cazuela del fuego pero déjela tapada 7 minutos más para que la quinoa se hinche. Esponje la quinoa con un tenedor y resérvela.

2. Bata un poco los huevos con el cebollino y salpimiente.

3. Derrita la mantequilla a fuego lento en una sartén de base gruesa. Vierta el huevo batido y cuézalo unos 2 minutos, removiendo con una cuchara de madera, hasta que esté cremoso pero no cuajado.

4. Incorpore con cuidado la quinoa, repártalo entre unas tostadas de pan de masa madre y sírvalo enseguida.

TORTILLA DE PATATA CON QUINOA

PARA: 4 PERSONAS

PREPARACIÓN: 15 MINUTOS

COCCIÓN: 45 MINUTOS

INGREDIENTES

4 cucharadas de aceite de oliva

2 cebollas grandes partidas por la mitad y después en rodajitas

50 g/¼ de taza de quinoa roja enjuagada

125 ml/½ taza de agua

700 g/8 patatas (papas) rojas peladas, partidas por la mitad a lo largo y luego en rodajitas

9 huevos

½ cucharadita de orégano

½ cucharadita de sal

¼ de cucharadita de pimienta

1. Caliente el aceite en una sartén honda antiadherente de 25 cm (10 in) de diámetro que pueda ir al horno y rehogue la cebolla a fuego medio-lento 25 minutos, hasta que esté tierna y dorada. Sáquela de la sartén escurriéndola y reserve el aceite.

2. Mientras tanto, ponga en un cazo la quinoa con el agua y llévela a ebullición. Tápela y cuézala a fuego lento 10 minutos, o según las indicaciones del envase, hasta que absorba casi todo el líquido. Aparte el cazo del fuego pero déjelo tapado unos 10 minutos más, para que la quinoa se hinche. Ahuéquela con un tenedor.

3. Mientras se hace la quinoa, cueza las patatas al vapor 8 minutos, hasta que empiecen a estar tiernas. Extiéndalas en un paño limpio.

4. En un bol grande, bata los huevos con el orégano, la sal y la pimienta. Incorpore la cebolla, las patatas y la quinoa.

5. Caliente de nuevo el aceite en la sartén. Vierta la mezcla de huevo, tape la sartén y cueza la tortilla a fuego medio-lento 15 minutos. Mientras tanto, precaliente el gratinador.

6. Ponga la sartén bajo el gratinador y haga la tortilla por encima 5 minutos. Pásela a un plato, córtela en porciones y sírvala enseguida.

A QUIEN MADRUGA...

Hay tantas formas de desayunar como personas. Quien se toma cualquier cosa a la carrera y quien se sienta a saborear. Quien disfruta a solas y quien reúne a los miembros de la familia alrededor de la mesa. Hay desayunos ligeros y delicados, y contundentes y fuertes. Hay quien no empieza bien el día con el estómago vacío y quien se siente mal solo con pensar en comer algo recién levantado. Y, por supuesto, no faltan los que nunca tienen tiempo de desayunar.

Sea cual sea su caso, un desayuno nutritivo activa el metabolismo, favorece la concentración y evita los bajones a media mañana. Tome lo que le apetezca, pero lo básico son cereales integrales, fruta o yogur, o una combinación de los tres. Un cuenco de cereales con fruta y yogur o un batido con cereales constituyen un desayuno refrescante, nutritivo y fácil de preparar.

Aunque los copos de avena son lo más habitual, la quinoa es uno de los cereales más versátiles y fáciles de comer. También es uno de los más nutritivos, ya que es rico en proteínas, minerales y vitaminas del grupo B, que proporcionan energía. Y no contiene gluten. No hay desayuno más sencillo que la quinoa inflada: basta con echarla en un cuenco y añadir leche o zumo de fruta para disfrutar de su crujido. En copos también es

fácil de comer. Añádalos al muesli o cuézalos con leche para obtener unas reconfortantes gachas. La quinoa cocida es ligera y esponjosa, y deliciosa con fruta, miel y yogur. También aligera la textura de huevos revueltos y tortillas; basta con incorporarla durante la cocción.

La chía es otra opción saludable. Espárzala cruda por encima del cuenco de cereales o añádala al muesli. Si la deja en remojo obtendrá una gelatina insípida (véase la página 10) que resulta muy práctica: añadida a unos frutos rojos y yogur proporciona un nutritivo batido.

Las creps y tortitas gustan a todo el mundo y son ideales para desayunos de fin de semana. Para enriquecerlas y darles más textura, añada algo de harina de alforfón a la pasta o pruebe con una mezcla de harina de quinoa e integral de trigo.

Sean cuales sean sus preferencias, el desayuno no tiene por qué ser aburrido. Solo necesita tener en la despensa ingredientes prácticos o empezar a prepararlo la noche anterior, como en el caso de la pasta para tortitas o la masa de pan. En cuestión de comodidad, los cereales integrales se llevan la palma. Inflados o en copos, están listos para comer; y, cocidos, si sobran, aguantarán hasta 24 horas en el frigorífico (véase la página 88).

TORTITAS DE ALFORFÓN CON RICOTA

PARA: 8 PERSONAS

PREPARACIÓN: 20 MINUTOS

COCCIÓN: 15 MINUTOS

INGREDIENTES

3 huevos, yemas y claras separadas

225 ml/1 taza de suero de mantequilla

1 cucharada de mantequilla derretida, tibia

75 g/⅔ de taza de harina de alforfón (trigo sarraceno)

55 g/⅓ de taza de harina de trigo

2 cucharaditas de levadura en polvo

1 cucharadita de azúcar

¼ de cucharadita de sal

aceite vegetal, para untar

COBERTURA

225 g/1 taza de ricota para vegetarianos

1 cucharadita de azúcar

la ralladura fina de 1 naranja

1 trozo de jengibre en almíbar, bien picado, y almíbar del tarro, para servir

1. Para preparar la cobertura, mezcle todos los ingredientes en un bol; resérvela.

2. Bata las yemas de huevo con el suero y la mantequilla hasta obtener una crema.

3. Mezcle en un bol las harinas con la levadura, el azúcar y la sal. Haga un hoyo y vierta la crema de yema. Mézclelo con un tenedor, incorporando la harina de los lados, hasta obtener una pasta.

4. En un bol grande, monte las claras a punto de nieve. Con una cuchara metálica, incorpore a la pasta una tercera parte de las claras montadas para aligerarla; después, añada el resto.

5. Unte con aceite una sartén de base gruesa y caliéntela a fuego medio. Vierta 4 cucharadas de la pasta y, con el dorso de una cuchara metálica, extiéndala en un redondel de 8 a 9 cm (3¼ a 3½ in). Deje la tortita al fuego de 1½ a 2 minutos, o hasta que se abran unos cratercitos por encima. Dele la vuelta y hágala 1½ minutos por el otro lado. Resérvela caliente mientras prepara el resto. Según el tamaño de la sartén, podrá hacer dos o tres tortitas a la vez.

6. Unte las tortitas con la cobertura, rocíelas con un poco de almíbar de jengibre y sírvalas enseguida.

PAN DE AMARANTO Y MAÍZ CON GUINDILLA

PARA: 1 PAN

PREPARACIÓN: 20 MINUTOS

COCCIÓN: 55 MINUTOS, MÁS ENFRIADO

INGREDIENTES

2-3 guindillas (chiles) rojas frescas, o al gusto

90 g/¾ de taza de harina de amaranto

100 g/¾ de taza de una mezcla de harinas blancas sin gluten

115 g/1 taza de harina de maíz (elote)

1 cucharada de levadura en polvo sin gluten

1 cucharadita de bicarbonato sin gluten

1½ cucharaditas de sal

50 g/¼ de taza de azúcar

125 g/1 taza de cheddar para vegetarianos rallado

3 huevos

225 ml/1 taza de suero de mantequilla

70 g/5 cucharadas de mantequilla derretida, tibia, y para untar

60 g/⅓ de taza de maíz (elote), descongelado si fuera necesario

1. Precaliente el horno a 200 °C (400 °F). Precaliente también el gratinador. Unte con mantequilla un molde rectangular para pan de 23 cm (9 in) de lado.

2. Ase las guindillas bajo el gratinador, dándoles varias vueltas, de 5 a 7 minutos, hasta que se chamusquen de modo uniforme. Pélelas, quíteles las semillas y píquelas bien.

3. Tamice en un bol las harinas con la levadura, el bicarbonato y la sal. Incorpore el azúcar y el queso.

4. Bata los huevos con el suero y la mantequilla hasta obtener una crema.

5. Haga un hoyo en el centro de la harina y vierta la crema de huevo. Mézclelo con un tenedor, incorporando la harina de los lados, hasta obtener una pasta.

6. Incorpore la guindilla y el maíz. Pase la pasta al molde y alísela con una espátula. Cueza el pan en el horno precalentado de 40 a 45 minutos, hasta que, al pincharlo en el centro con un palillo, salga limpio.

7. Déjelo reposar 10 minutos y, después, desmóldelo en una rejilla metálica y déjelo enfriar del todo.

PAN DE KAMUT CON PLÁTANO Y NUECES

PARA: 1 PAN

PREPARACIÓN:
20 MINUTOS

COCCIÓN: 50 MINUTOS,
MÁS ENFRIADO

INGREDIENTES

4 plátanos (bananas) pequeños
maduros

el zumo (jugo) de 1 limón

165 g/1⅓ tazas de harina de kamut

1½ cucharaditas de levadura
en polvo

1 cucharadita de pimienta
de Jamaica

½ cucharadita de jengibre molido

1 pizca de sal

85 g/6 cucharadas de mantequilla
sin sal a temperatura ambiente

100 g/½ taza de azúcar

2 huevos un poco batidos

50 g/½ taza de nueces troceadas

1. Precaliente el horno a 180 °C (350 °F). Engrase un molde rectangular para pan de 23 cm (9 in) de lado y fórrelo con papel vegetal.

2. Chafe los plátanos con el zumo de limón.

3. Tamice en un bol la harina, la levadura, la pimienta, el jengibre y la sal. Añada el salvado que quede en el tamiz, mezclando suavemente con los dedos.

4. Bata en un bol la mantequilla con el azúcar unos 4 minutos, o hasta obtener una crema ligera y esponjosa.

5. Incorpore poco a poco el huevo batido y la harina tamizada, y, a continuación, el plátano y las nueces, removiendo de modo uniforme.

6. Pase la pasta al molde y alísela con una espátula. Cueza el pan en el horno precalentado unos 50 minutos o hasta que, al pincharlo en el centro con un palillo, salga limpio.

7. Déjelo reposar 10 minutos y, después, desmóldelo en una rejilla metálica y déjelo enfriar del todo.

MAGDALENAS DE QUINOA CON CHOCOLATE

PARA: 12 UNIDADES

PREPARACIÓN: 25 MINUTOS

COCCIÓN: 20 MINUTOS, MÁS ENFRIADO

INGREDIENTES

250 g/2 tazas de harina de quinoa

2 cucharadas de cacao en polvo sin gluten

2 cucharaditas de levadura en polvo sin gluten

¾ de cucharadita de bicarbonato sin gluten

½ cucharadita de sal

125 g/1 barra de mantequilla sin sal a temperatura ambiente

125 g/²/₃ de taza de azúcar

2 huevos un poco batidos

1 cucharadita de esencia de vainilla

la ralladura fina de 1 naranja grande

225 ml/1 taza de leche

125 g/1 taza de arándanos rojos deshidratados

50 g/¹/₃ de taza de nueces de macadamia troceadas

1. Precaliente el horno a 200 °C (400 °F). Coloque 12 moldes de papel en un molde múltiple para magdalenas.

2. Tamice en un bol la harina, el cacao, la levadura, el bicarbonato y la sal. Añada el salvado que quede en el tamiz, mezclando suavemente con los dedos.

3. Bata la mantequilla con el azúcar en un bol unos 4 minutos, o hasta obtener una crema ligera y esponjosa. Incorpore poco a poco el huevo batido, la vainilla y la ralladura de naranja. Sin dejar de batir y en tandas, añada la leche y la harina tamizada. Incorpore los arándanos y las nueces.

4. Reparta la pasta entre los moldes. Cueza las magdalenas en el horno precalentado de 15 a 20 minutos, o hasta que suban y, al pincharlas con un palillo, salga limpio.

5. Deje enfriar las magdalenas en una rejilla metálica.

¡GRAN IDEA!

Para potenciar el sabor, añada a la pasta unas pepitas de chocolate. Si prefiere una versión más sofisticada, unte las magdalenas con cobertura de queso cremoso o de chocolate negro.

¡A COMER!

SOPA PICANTE DE TOMATE Y TAMARINDO

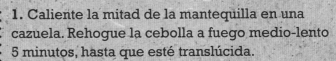

La quinoa roja le va muy bien al tomate, el tamarindo y el jengibre. Conocida como *rasam,* que significa «esencia», esta sopa es típica del sudoeste de la India, donde suele condimentarse con guindilla. En esta receta el punto picante lo da la pimienta.

PARA: 4 PERSONAS

PREPARACIÓN: 15 MINUTOS

COCCIÓN: 35 MINUTOS, MÁS REPOSO

INGREDIENTES

- 60 g/4 cucharadas de mantequilla
- 1 cebolla pequeña en daditos
- 1 cucharada de jengibre picado
- 1 cucharadita de cúrcuma molida
- 2 cucharaditas de comino majado
- ¼ de cucharadita de sal
- ½ cucharadita de pimienta
- 400 g/14½ oz de tomate (jitomate) troceado de lata
- 2 cucharaditas de pasta de tamarindo
- 70 g/⅓ de taza de quinoa roja enjuagada
- 225 ml/1 taza de caldo de verduras
- 4 cucharadas de cilantro picado

1. Caliente la mitad de la mantequilla en una cazuela. Rehogue la cebolla a fuego medio-lento 5 minutos, hasta que esté translúcida.

2. Añada el jengibre, la cúrcuma, ½ cucharadita del comino, la sal y la pimienta. Siga rehogando 1 minuto más.

3. Añada el tomate, la pasta de tamarindo, la quinoa y el caldo. Llévelo a ebullición, baje el fuego, tape la cazuela y cueza la sopa 25 minutos, removiendo de vez en cuando.

4. Aparte la sopa del fuego e incorpórele el cilantro. Déjela reposar, tapada, 10 minutos.

5. Derrita el resto de la mantequilla a fuego medio-fuerte en una sartén pequeña. Rehogue el resto del comino unos segundos. Échelo en la sopa y sírvala enseguida.

SOPA DE ALUBIAS NEGRAS Y CALABAZA

Esta sopa de estilo mexicano es rica en sabores fuertes y terrosos, y la salsa de cilantro pone el contrapunto al color oscuro de las alubias y la quinoa. Sírvala con unas tortillas de maíz sin gluten y obtendrá un estupendo plato único.

PARA: 6 PERSONAS

PREPARACIÓN: 20 MINUTOS

COCCIÓN: 45 MINUTOS

INGREDIENTES

2 cucharadas de aceite vegetal

1 cebolla roja en daditos

1 cucharadita de orégano

225 g/1¾ tazas de calabaza (zapallo anco) en dados

400 g/14½ oz de tomate (jitomate) troceado de lata

400 g/15 oz de alubias (porotos) negras cocidas, escurridas y enjuagadas

90 g/½ taza de quinoa negra enjuagada

600 ml/2½ tazas de caldo de verduras sin gluten

125 g/1 taza de maíz (elote) congelado

zumo (jugo) de lima (limón), sal y pimienta, al gusto

SALSA CREMOSA DE CILANTRO

175 ml/¾ de taza de nata (crema) agria

6 cucharadas de cilantro picado

sal y pimienta al gusto

1. Para preparar la salsa, mezcle la nata con el cilantro y salpimiéntela. Resérvela en el frigorífico.

2. Caliente el aceite en una cazuela y rehogue la cebolla 5 minutos a fuego medio.

3. Eche el orégano y salpimiente. Siga rehogando 2 minutos más. Añada la calabaza. Tápelo y cuézalo 5 minutos.

4. Añada el tomate, las alubias, la quinoa y el caldo. Llévelo a ebullición, baje el fuego, tape la cazuela y cueza la sopa 25 minutos, o hasta que la quinoa se haya hinchado.

5. Eche el maíz y prosiga con la cocción 5 minutos más.

6. Eche en la sopa un buen chorro de zumo de lima. Rectifique la sazón.

7. Reparta la sopa entre seis cuencos y ponga en cada uno una cucharada de salsa cremosa de cilantro.

SOPA DE FARRO Y ALUBIAS PINTAS

El farro es una antigua variedad de trigo que se parece a la cebada. En Italia se hacen con él ensaladas, sopas, guisos y «arroces». En esta sustanciosa sopa que puede hacer de plato único se combina con alubias pintas y panceta.

PARA: 4-6 PERSONAS   **PREPARACIÓN: 15 MINUTOS**   **COCCIÓN: 40 MINUTOS**

INGREDIENTES

115 g/¾ de taza de farro de cocción rápida enjuagado

1 cucharada de aceite de oliva

1 cucharada de romero fresco bien picado

100 g/4 oz de panceta en dados

1 cebolla en dados

2 ramas de apio en dados

1 pimiento (ají) rojo pequeño, sin las semillas y en dados

850 ml/3½ tazas de caldo de pollo

100 g/½ taza de alubias (porotos) pintas cocidas, escurridas y enjuagadas

4-6 rebanadas de chapata tostada

sal y pimienta al gusto

aceite de oliva virgen extra y perejil picado, para adornar

1. Ponga el farro en un cazo y cúbralo con agua. Añada ½ cucharadita de sal y llévelo a ebullición. Baje el fuego y cuézalo de 10 a 12 minutos, o según las indicaciones del envase, hasta que esté tierno pero aún entero. Escúrralo encima de un bol para reservar el agua de cocción.

2. Mientras tanto, caliente en una cazuela el aceite con el romero. Rehogue la panceta y la cebolla a fuego lento 5 minutos, hasta que la cebolla esté translúcida.

3. Añada el apio y el pimiento. Salpimiente y siga rehogando 5 minutos más. Vierta el caldo, tape la cazuela y cueza la sopa 15 minutos, hasta que las hortalizas estén tiernas.

4. Incorpore el farro cocido y las alubias. Cueza la sopa 15 minutos, sin tapar, hasta que se espese. Si se espesara demasiado, añádale un poco del líquido de cocción del farro.

5. Ponga una rebanada de pan en cada cuenco. Vierta la sopa encima. Adórnela con un chorrito de aceite y perejil picado, y sírvala.

BURRITOS DE ALUBIAS NEGRAS Y QUINOA

PARA: 8 BURRITOS

PREPARACIÓN: 30 MINUTOS

COCCIÓN: 20 MINUTOS, MÁS REPOSO

INGREDIENTES

60 g/⅓ de taza de quinoa roja enjuagada

150 ml/⅔ de taza de agua

2 cucharadas de aceite vegetal

1 cebolla roja en dados

1 guindilla (chile) verde, sin las semillas y en daditos

1 pimiento (ají) rojo pequeño, sin las semillas y en daditos

400 g/15 oz de alubias (porotos) negras cocidas, escurridas y enjuagadas

el zumo (jugo) de 1 lima (limón)

4 cucharadas de cilantro picado

2 tomates (jitomates)

8 tortillas de harina sin gluten, calientes

125 g/1¼ tazas de cheddar para vegetarianos rallado

85 g/1½ tazas de lechuga romana en juliana

sal y pimienta al gusto

1. Ponga la quinoa en un cazo con el agua. Llévela a ebullición, tápela y cuézala a fuego lento 15 minutos, o según las indicaciones del envase. Aparte el cazo del fuego, pero déjelo tapado 5 minutos más para que la quinoa se hinche. Ahuéquela con un tenedor y resérvela.

2. Caliente el aceite en una sartén. Rehogue la mitad de la cebolla, la mitad de la guindilla y el pimiento hasta que estén tiernos. Añada las alubias, la quinoa cocida y la mitad del zumo de lima y del cilantro. Cuézalo unos minutos y salpimiente.

3. Parta los tomates por la mitad, saque las semillas y échalas en las alubias. Córtelos en daditos y póngalos en un bol con el resto del cilantro, de la cebolla, de la guindilla y del zumo de lima. Sálelo y remueva.

4. Ponga 5 cucharadas de las alubias en cada tortilla. Reparta luego la ensalada de tomate, el queso y la lechuga. Doble las tortillas por encima del relleno, enróllelas y sirva los burritos enseguida.

BROTES

En las condiciones adecuadas, prácticamente todos los cereales terminan por germinar. Con dos o tres días de calor, humedad y enjuagues, los granos dormidos se transforman en nutritivos brotes mucho más fáciles de digerir.

Los brotes crudos quedan deliciosos en bocadillos y rollitos, y aportan color y una textura crujiente a ensaladas y guisos. Pero échelos en el último momento para que se conserven crujientes. También se pueden incorporar en masa de pan: mézclelos con la masa o la pasta antes de meter el pan en el horno.

Los cereales que germinan con más facilidad son la quinoa y el alforfón. Las semillas de chía también, aunque tardan más y su proceso de germinación es algo distinto. Elija granos enteros y evite los que estén descascarillados, rajados, perlados, partidos o tostados. Un alforfón tostado o una cebada perlada, por ejemplo, no germinarían.

Los brotes de cereales cunden mucho. Con solo 2 cucharadas de quinoa, por ejemplo, obtendrá una ½ taza de brotes, dependiendo del tiempo que la deje germinar y de la edad y variedad de las semillas.

CÓMO GERMINAR QUINOA

Los brotes de quinoa son finos y tiernos, de sabor leñoso. Tardan de 2 a 4 días en germinar, y lo hacen mejor a temperaturas de 17 a 24 °C (de 63 a 75 °F). Este método también es adecuado para cereales más grandes, pero hace falta cubrirlos con más agua en el primer remojo.

1. Extienda 5 cucharadas (⅓ de taza) de quinoa blanca o roja en una fuente llana, en una sola capa. Cúbrala con 500 ml (2 tazas) de agua filtrada o mineral de botella. Remueva para que todas las semillas queden sumergidas.

2. Tape la quinoa con film transparente y déjela 40 minutos en remojo.

3. Cuélela con un colador de malla fina y enjuáguela bien. Sacuda el colador hasta que deje de gotear.

4. Devuelva la quinoa a la fuente y extiéndala. Tápela con film transparente, pero deje una pequeña abertura para que entre aire. Déjela reposar 8 horas. Repita la operación de enjuague y reposo tres o cuatro veces más, según lo largos que quiera que queden los brotes.

5. Cuando los brotes estén a su gusto, guárdelos en el frigorífico y consúmalos en el plazo de 24 horas.

ROLLITOS DE PATO CON BROTES DE QUINOA

PARA: 2 ROLLITOS

PREPARACIÓN: 15 MINUTOS

COCCIÓN: 15 MINUTOS, MÁS REPOSO

INGREDIENTES

2 pechugas de pato pequeñas sin el hueso

5 cucharadas de confitura de guindilla (chile)

20 g/¾ de taza de rúcula

2 tortillas de harina blandas,

4 cucharadas de brotes de quinoa (véanse las páginas 50-51)

4 cebolletas (cebollas tiernas o de verdeo) en rodajitas

sal y pimienta al gusto

1. Precaliente el horno a 220 °C (425 °F).

2. Realice tres cortes superficiales al bies en la piel de las pechugas y frótelas con sal y pimienta.

3. Caliente a fuego medio-fuerte una sartén antiadherente pequeña. Marque las pechugas 3 minutos por la parte de la piel, sin darles la vuelta.

4. Póngalas en una fuente refractaria pequeña, con la piel hacia abajo, y áselas 5 minutos en el horno precalentado. Deles la vuelta y áselas 5 minutos por el otro lado. Tápelas holgadamente con papel de aluminio y déjelas reposar 20 minutos.

5. Corte las pechugas a lo ancho en tiras finas. Póngalas en un plato y úntelas con la confitura.

6. Ponga un montoncito de rúcula en cada tortilla caliente. Reparta luego las tiras de pechuga. Esparza los brotes de quinoa y la cebolleta por encima.

7. Doble el borde inferior y los lados de las tortillas y enróllelas. Sirva los rollitos enseguida.

¡GRAN IDEA!

Si, al sacarlas del horno, ve las pechugas rosadas, no se preocupe, porque acabarán de hacerse durante el reposo.

QUINOA Y MAÍZ A LA MENTA

PARA: 2 PERSONAS

PREPARACIÓN: 15 MINUTOS

COCCIÓN: 20 MINUTOS, MÁS REPOSO

INGREDIENTES

135 g/¾ de taza de quinoa blanca, enjuagada

300 ml/1¼ tazas de agua

2 cucharadas de aceite de oliva

2-3 dientes de ajo picados

2 guindillas (chiles) rojas o amarillas frescas, sin las semillas y bien picadas

1 tomate (jitomate) grande pelado, sin las semillas y en daditos

2 cucharadas de maíz (elote), descongelado si fuera necesario

1 cucharada de hojas de menta

sal al gusto

hojas de lechuga crujientes, para servir

1. Ponga la quinoa en un cazo con el agua. Llévela a ebullición, tápela y cuézala a fuego lento durante 15 minutos, o según las indicaciones del envase. Aparte el cazo del fuego, pero déjelo tapado unos 5 minutos más para que la quinoa se hinche. Ahuéquela con un tenedor y resérvela.

2. Mientras tanto, caliente el aceite en una sartén grande y sofría el ajo y la guindilla a fuego medio, removiendo, 2 o 3 minutos, hasta que el ajo esté tierno. Añada el tomate y el maíz, caliéntelo hasta que borbotee y cuézalo 1 minuto más.

3. Eche la quinoa y caliéntela a fuego lento. Rectifique de sal. Pique la menta y añádala también.

4. Sírvalo sobre hojas de lechuga a modo de cuchara.

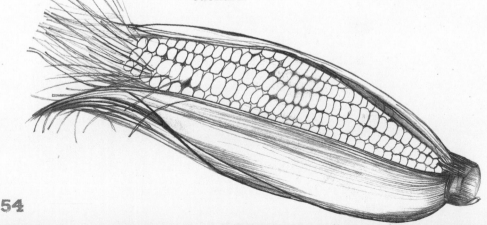

ENSALADA DE FARRO CON FETA

El farro, muy italiano, es un cereal dulce que queda entero. Aporta elegancia a esta ensalada de hortalizas y hierbas estivales, que juega con el punto agrio del feta y la acidez del aliño de aceite al limón. Sírvala en una fiesta informal o en un almuerzo veraniego.

PARA: 4 PERSONAS

PREPARACIÓN: 20 MINUTOS, MÁS REPOSO

COCCIÓN: 15 MINUTOS, MÁS ENFRIADO

INGREDIENTES

225 g/1½ tazas de farro de cocción rápida, enjuagado

½ cucharadita de sal

50 g/⅓ de taza de guisantes (arvejas)

5 cebolletas (cebollas tiernas), incluida un poco de la parte verde, en rodajitas

½ calabacín (zapallito) rallado grueso

35 g/⅔ de taza de espinacas tiernas en juliana

4 cucharadas de hojas de menta y 4 de perejil, picados

85 g/3 oz de feta para vegetarianos en dados

zumaque o pimentón, para espolvorear

ALIÑO

2 cucharadas de zumo (jugo) de limón

6 cucharadas de taza de aceite de oliva virgen extra, y un poco más para rociar

sal y pimienta al gusto

1. Ponga el farro y la sal en un cazo y cúbralo con agua. Llévelo a ebullición, baje el fuego, tape la cazuela y cuézalo 10 minutos, o según indique el envase, hasta que esté tierno pero aún entero. Escúrralo y extiéndalo en una fuente para que se entibie. Páselo a una ensaladera.

2. Para preparar el aliño, ponga el zumo de limón en un cuenco, salpimiente y remueva. Incorpore el aceite batiendo. Aliñe el farro y mézclelo.

3. Añada los guisantes, la cebolleta, el calabacín, las espinacas, la menta y el perejil, y remueva. Déjelo reposar 30 minutos a temperatura ambiente.

4. Reparta la ensalada entre cuatro platos. Añada el feta, espolvoréela con un poco de zumaque y rocíela con aceite. Sírvala enseguida.

ENSALADA DE MOZZARELLA CON BROTES

Muy ricos en proteínas, vitaminas y minerales, los brotes de quinoa transforman esta deliciosa ensalada de verano en una valiosa fuente de nutrientes. Hágala con mozzarella de búfala en lugar de vaca y notará la diferencia.

PARA: 2 PERSONAS

PREPARACIÓN: 15 MINUTOS

COCCIÓN: NINGUNA

INGREDIENTES

25 g/1 taza de berros

200 g/8 oz de mozzarella de búfala para vegetarianos, troceada

3 cucharadas de brotes de quinoa blanca (véanse las páginas 50-51)

6 rábanos en rodajitas

1 cucharada de pipas (semillas) de calabaza (zapallo anco)

6 aceitunas de Kalamata, partidas por la mitad y sin el hueso

½ cucharada de vinagre de vino blanco

1½ cucharadas de aceite de oliva virgen extra

sal marina y pimienta al gusto

1. Reparta los berros entre 2 platos y la mozzarella por encima. Añada los brotes de quinoa.

2. Esparza los rábanos, las pipas de calabaza y las aceitunas.

3. Sazone la ensalada con sal marina y pimienta.

4. Alíñela con el vinagre y el aceite. Sírvala enseguida.

¡GRAN IDEA!

Sustituya la mozzarella de búfala por bolitas de ricota. Para hacerlas necesitará que la ricota sea consistente y seca: si estuviera demasiado húmeda, envuélvala en muselina y déjela 2 horas suspendida sobre un bol. Estrújela bien para escurrirla.

ENSALADA DE POLLO, PAPAYA Y AGUACATE

PARA: 2 PERSONAS

PREPARACIÓN: 20 MINUTOS

COCCIÓN: 10 MINUTOS

INGREDIENTES

2 pechugas de pollo de 150 g/ 5½ oz, sin el hueso ni la piel

2 cucharadas de aceite de oliva

100 g/3½ tazas de hojas sabrosas para ensalada, como rúcula, mostaza japonesa, escarola y berros

1 papaya grande, pelada, sin las semillas y en cuñas gruesas

1 aguacate (palta) maduro, pelado, sin el hueso y en cuñas gruesas

25 g/¼ de taza de avellanas tostadas partidas por la mitad

2 cucharadas de brotes de quinoa roja o blanca (véanse las páginas 50-51)

sal y pimienta al gusto

ALIÑO

2 cucharadas de zumo (jugo) de lima (limón)

6 cucharadas de aceite de avellana

sal y pimienta al gusto

1. Ponga las pechugas en una tabla de cocina. Sujetando el cuchillo de lado, en paralelo a la tabla, parta las pechugas por la mitad para obtener cuatro filetes.

2. Coloque los filetes entre dos trozos de film transparente y golpéelos con el rodillo de cocina hasta que tengan 1 cm (½ in) de grosor.

3. Caliente el aceite en una sartén grande. Ase los filetes a fuego medio-fuerte 3 o 4 minutos por cada lado, hasta que se doren por fuera y dejen de estar rosados por dentro. Páselos a un plato caliente y salpiméntelos.

4. Corte los filetes a lo largo en tiras de 2 cm (¾ in) de grosor.

5. Reparta las hojas de ensalada entre dos platos y, por encima, el pollo, la papaya y el aguacate. Esparza luego las avellanas y los brotes de quinoa.

6. Para preparar el aliño, bata todos los ingredientes juntos hasta que queden emulsionados. Aliñe la ensalada y sírvala enseguida.

TABULÉ DE QUINOA Y NUECES

PARA: 2 PERSONAS

PREPARACIÓN: 20 MINUTOS

COCCIÓN: 20 MINUTOS, MÁS REPOSO

INGREDIENTES

100 g/½ taza de quinoa blanca enjuagada

250 ml/1 taza de agua

1 calabacín (zapallito) rallado grueso

2 cebolletas (cebollas tiernas) grandes en rodajitas al bies

1 puñado de hojas de menta picadas

1 puñado de hojas de perejil picadas

8 medias nueces picadas

ALIÑO

3 cucharadas de aceite de oliva virgen extra

1 cucharada de zumo (jugo) de limón

1 cucharadita de mostaza de Dijon sin gluten

1 diente de ajo majado

pimienta al gusto

1. Ponga la quinoa en un cazo con el agua. Llévela a ebullición, tápela y cuézala a fuego lento 15 minutos, o según las indicaciones del envase. Aparte el cazo del fuego, pero déjelo tapado 5 minutos más para que la quinoa se hinche. Ahuéquela con un tenedor.

2. Ponga la quinoa en un bol y mézclela bien con el calabacín, la cebolleta, la menta y el perejil.

3. Mezcle los ingredientes del aliño y rocíe con él el tabulé. Remueva con suavidad.

4. Reparta el tabulé entre dos platos y esparza las nueces por encima. Sírvalo a temperatura ambiente.

¡GRAN IDEA!

Al ser tan ricas en grasas poliinsaturadas, las nueces se enrancian enseguida. Cómprelas con la cáscara, guárdelas en el frigorífico y consúmalas lo antes posible.

ENSALADA DE QUINOA, UVAS Y ALMENDRAS

PARA: 2 PERSONAS

PREPARACIÓN: 15 MINUTOS

COCCIÓN: 20 MINUTOS, MÁS REPOSO

INGREDIENTES

135 g/¾ de taza de quinoa blanca enjuagada

300 ml/1¼ tazas de agua

½ cucharadita de sal

1½ cucharaditas de zumo (jugo) de limón

1½ cucharaditas de tamari (salsa de soja sin trigo)

1½ cucharaditas de aceite de sésamo tostado, y un poco más para rociar

85 g/1½ tazas de tirabeques (bisaltos)

150 g/1 taza de uvas negras sin semillas, partidas por la mitad

2 cucharadas de almendras partidas por la mitad a lo largo

3 cucharadas de cebollino (cebollín) picado

2 cogollos de lechuga, con las hojas separadas

pimienta blanca molida, al gusto

1. Ponga la quinoa en un cazo con el agua y la sal. Llévela a ebullición, tápela y cuézala a fuego lento 15 minutos, o según las indicaciones del envase. Aparte el cazo del fuego, pero déjelo tapado unos 5 minutos más para que la quinoa se hinche. Ahuéquela con un tenedor y resérvela.

2. Bata el zumo de limón con el tamari, el aceite de sésamo y un poco de pimienta blanca. Aliñe la quinoa y vuelva a ahuecarla con el tenedor. Pásela a una fuente llana y deje que se enfríe.

3. Escalde los tirabeques 30 segundos en una cazuela con agua hirviendo y escúrralos. Déjelos secar y pártalos por la mitad al bies.

4. Con cuidado, mezcle con la quinoa los tirabeques, las uvas, las almendras y el cebollino.

5. Disponga las hojas de lechuga alrededor del contorno de dos platos. Ponga la ensalada de quinoa en el centro, rocíela con un poco más de aceite de sésamo y sírvala.

ENSALADA TAILANDESA DE ATÚN CON QUINOA

PARA: 4 PERSONAS   **PREPARACIÓN:**   **COCCIÓN: 30 MINUTOS**
                          25 MINUTOS

INGREDIENTES

60 g/⅓ de taza de quinoa roja

150 ml/⅔ de taza de agua

4 filetes de atún de unos 125 g/4 oz y 2 cm/¾ in de grosor

2 cucharadas de aceite vegetal

80 g/3 tazas de rúcula

1 pepino pequeño partido por la mitad a lo largo y luego en rodajas finas al bies

1 puñado de hojas de menta

1 puñado de hojas de cilantro

3 cucharadas de cacahuetes (manís) tostados

aceite de sésamo tostado

SALSA

1 trozo de jengibre de 2,5 cm/ 1 in, bien picado

1 guindilla (chile) roja fresca, sin las semillas y bien picada

1 diente de ajo grande, picado

2 cucharadas de tamari (salsa de soja sin trigo)

1 cucharada de salsa de pescado tailandesa sin gluten

3 cucharadas de zumo (jugo) de lima (limón)

100 g/½ taza de azúcar de palma o moreno claro

1. Para hacer la salsa, maje en el mortero el jengibre, la guindilla y el ajo. Pase la pasta a un cazo, añada el resto de los ingredientes y caliéntelo a fuego medio, sin dejar de remover, hasta que se disuelva el azúcar. Cueza la salsa 1 o 2 minutos, hasta que quede almibarada. Apártela del fuego y deje que se enfríe.

2. Mientras tanto, enjuague la quinoa y póngala en un cazo con el agua. Llévela a ebullición, tápela y cuézala a fuego lento 15 minutos, o según las indicaciones del envase. Luego, no destape el cazo.

3. Corte los filetes de atún en tres trozos y póngalos en un plato. Rocíelo con la salsa, úntelo bien por todas partes y luego escúrralo, reservando la salsa.

4. Caliente el aceite en una sartén y saltee el atún a fuego fuerte 3 minutos, dándole la vuelta una vez. Resérvelo en un plato.

5. Vierta la salsa reservada en la sartén y cuézala 3 minutos, hasta que quede almibarada.

6. Mezcle la rúcula con el pepino, la menta y el cilantro, y repártalo entre cuatro platos. Ahueque la quinoa con un tenedor y espárzala sobre la ensalada.

7. Reparta el atún y nápelo con la salsa. Esparza los cacahuetes por encima de la ensalada y rocíela con un chorrito de aceite de sésamo. Sírvala enseguida.

ENSALADA DE QUINOA ROJA Y GARBANZOS

PARA: 4 PERSONAS

PREPARACIÓN: 25 MINUTOS

COCCIÓN: 25 MINUTOS, MÁS REPOSO

INGREDIENTES

50 g/¼ de taza de quinoa roja enjuagada

125 ml/½ taza de agua

½ cucharadita de sal

1 guindilla (chile) roja fresca, sin las semillas y bien picada

8 cebolletas (cebollas tiernas) picadas

3 cucharadas de menta picada

30 g/⅓ de taza de harina de garbanzo (chícharo)

1 cucharadita de comino molido

½ cucharadita de pimentón

150 g/1 taza de garbanzos (chícharos) cocidos, escurridos y enjuagados

1 cucharada de aceite vegetal

ALIÑO

2 cucharadas de aceite de oliva

2 cucharadas de zumo (jugo) de limón

1. Ponga la quinoa en un cazo con el agua y la sal. Llévela a ebullición, tápela y cuézala a fuego lento 15 minutos, o según las indicaciones del envase. Aparte el cazo del fuego pero déjelo tapado 5 minutos más para que la quinoa se hinche. Ahuéquela con un tenedor y resérvela.

2. Ponga la quinoa en un bol y añada la guindilla, la cebolleta y la menta. Remueva con suavidad.

3. Tamice en un bol ancho y hondo la harina de garbanzo, el comino y el pimentón. Reboce los garbanzos con la harina especiada.

4. Caliente el aceite en una sartén a fuego medio. Fría los garbanzos rebozados, removiendo a menudo, 2 o 3 minutos, dejando que se doren de modo irregular.

5. Para preparar el aliño, mezcle en un cuenco con un tenedor el aceite y el zumo de limón.

6. Mezcle los garbanzos con la quinoa y aderécelo con el aliño. Sirva la ensalada templada o fría.

¡GRAN IDEA!

La harina de garbanzo se obtiene de la molienda de garbanzos secos. Es de un amarillo claro, tiene un ligero sabor a frutos secos y no contiene gluten.

ENSALADA DE ESPELTA Y ZANAHORIA

PARA: 4 PERSONAS

PREPARACIÓN: 25 MINUTOS, MÁS REPOSO

COCCIÓN: 15 MINUTOS

INGREDIENTES

225 g/1½ tazas de espelta (escanda, trigo salvaje) perlada

½ cucharadita de sal

2 cucharadas de tomillo picado

40 g/½ taza de piñones tostados

5 cebolletas (cebollas tiernas) en rodajitas

4 zanahorias

3 cucharadas de berros o brotes de alfalfa, para servir

ALIÑO

2 cucharadas de zumo (jugo) de naranja y 1 de zumo de limón

1 trozo de jengibre de 2 cm/¾ in, chafado con la prensa de ajos

2 cucharaditas de salsa de soja

6 cucharadas de aceite de oliva virgen extra

sal y pimienta al gusto

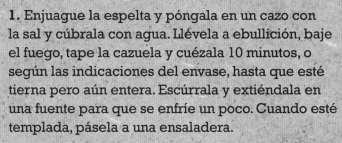

1. Enjuague la espelta y póngala en un cazo con la sal y cúbrala con agua. Llévela a ebullición, baje el fuego, tape la cazuela y cuézala 10 minutos, o según las indicaciones del envase, hasta que esté tierna pero aún entera. Escúrrala y extiéndala en una fuente para que se enfríe un poco. Cuando esté templada, pásela a una ensaladera.

2. Para preparar el aliño, mezcle en un cuenco el zumo de naranja con el de limón y el jengibre. Añada la salsa de soja. Salpimiente. Incorpore el aceite batiendo con las varillas.

3. Aliñe la espelta y ahuéquela con suavidad con un tenedor. Añada el tomillo, los piñones y la cebolleta.

4. Con un pelapatatas, corte las zanahorias en cintas largas y finas, desechando el centro leñoso. Añádalas a la ensalada.

5. Deje reposar la ensalada 30 minutos a temperatura ambiente para que se potencien los sabores. Antes de servirla, esparza los berros o los brotes de alfalfa por encima.

CEBICHE DE RAPE CON QUINOA ROJA

El cebiche es un plato de pescado marinado en zumo de lima o limón. Siempre que sea muy fresco, lo puede hacer con el pescado blanco consistente que desee. La quinoa roja aporta color y sustancia al plato.

PARA: 4 PERSONAS

PREPARACIÓN: 25 MINUTOS, MÁS MARINADO

COCCIÓN: 20 MINUTOS, MÁS REPOSO

INGREDIENTES

450 g/1 lb de filetes de rape u otro pescado blanco consistente, en dados

el zumo (jugo) de 5-6 limas (limones)

60 g/⅓ de taza de quinoa roja

150 ml/⅔ de taza de agua

4 tomates (jitomates)

1 cebolla roja en daditos

1-2 chiles jalapeños frescos, sin las semillas y en daditos

4 cucharadas de cilantro picado

1 aguacate (palta) grande maduro, pelado, sin el hueso y en dados

aceite de oliva virgen extra

sal y pimienta al gusto

cuñas de lima (limón), para adornar

1. Ponga el pescado en una fuente llana que no sea metálica. Vierta zumo de lima hasta cubrirlo y déjelo marinar en el frigorífico 3 horas, removiendo de vez en cuando, hasta que esté opaco. Escurra el pescado reservando el zumo.

2. Enjuague la quinoa y póngala en un cazo con el agua. Llévela a ebullición, baje el fuego, tape el cazo y cuézala 15 minutos, o según las indicaciones del envase. Aparte el cazo del fuego, pero déjelo tapado 5 minutos más para que la quinoa se hinche. Ahuéquela con un tenedor y resérvela.

3. Parta los tomates por la mitad y quíteles las semillas. Córtelos en daditos y póngalos en un bol con la cebolla, el chile y el cilantro. Vierta el zumo de lima reservado. Salpimiente.

4. Reparta la ensalada de tomate entre cuatro platos. Añada el pescado y 2 cucharadas de la quinoa cocida. (Reserve el resto para otra receta). Esparza el aguacate por encima.

5. Salpimiente el cebiche y rocíelo con aceite. Adórnelo con cuñas de lima y sírvalo enseguida.

ENSALADA DE CEBADA Y REMOLACHA ASADA

PARA: 4 PERSONAS

PREPARACIÓN: 20 MINUTOS

COCCIÓN: 40 MINUTOS

INGREDIENTES

2 remolachas (betarragas), peladas y en cuartos

3 ramitas de tomillo fresco

5 cucharadas de aceite de nuez

100 g/½ taza de cebada perlada, enjuagada

450 ml/2 tazas de agua

1 pimiento (ají) rojo grande, partido por la mitad a lo largo y sin las semillas

25 g/¼ de taza de nueces troceadas

1 puñadito de rúcula

vinagre (aceto) balsámico espeso

sal y pimienta al gusto

1. Precaliente el horno a 190 °C (375 °F). Precaliente el gratinador al máximo.

2. Reparta la remolacha y el tomillo entre dos hojas de papel de aluminio. Rocíelo con un poco del aceite y salpimiéntelo. Envuélvalo, sin apretar mucho, en paquetitos. Ase la remolacha en el horno precalentado de 30 a 40 minutos, o hasta que empiece a estar tierna.

3. Mientras tanto, ponga la cebada en un cazo con el agua y ½ cucharadita de sal. Llévela a ebullición, baje el fuego, tape la cazuela y cuézala 35 minutos, o según las indicaciones del envase, hasta que esté tierna. Escúrrala y póngala en un plato.

4. Mientras se cueza la cebada, gratine el pimiento, con la piel hacia arriba, 10 minutos o hasta que se chamusque la piel. Tápelo con un paño de cocina y déjelo reposar 10 minutos. Pélelo y trocéelo.

5. Reparta la cebada entre cuatro platos. Parta los cuartos de remolacha por la mitad y dispóngalos encima. Añada el pimiento asado, las nueces y la rúcula.

6. Rocíe la ensalada con el resto del aceite y un poco de vinagre balsámico. Sírvala enseguida.

¿QUÉ HAY PARA CENAR?

CALABAZA CON FARRO Y COL RIZADA

PARA: 6 PERSONAS

PREPARACIÓN: 30 MINUTOS

COCCIÓN: 55 MINUTOS

INGREDIENTES

1 calabaza (zapallo anco) de carne consistente, por ejemplo, almizclera, de unos 1¼ kg/2 lb 12 oz

2 cucharadas de aceite vegetal

1 cebolla bien picada

2 cucharaditas de orégano

2 dientes de ajo en láminas finas

400 g/14½ oz de tomate (jitomate) troceado de lata

700 ml/3 tazas de caldo de verduras

125 g/¾ de taza de farro de cocción rápida, enjuagado

250 g/4 tazas de col (repollo) rizada en juliana

400 g/15 oz de garbanzos (chícharos) cocidos, escurridos

6 cucharadas de cilantro picado

el zumo (jugo) de 1 lima (limón)

sal y pimienta al gusto

1. Parta la calabaza en cuartos, pélela y quítele las pipas. Trocéela (necesitará unos 650 g [4 tazas]).

2. Caliente el aceite en una cazuela de hierro fundido o de base gruesa. Sofría la cebolla a fuego medio 5 minutos, hasta que esté translúcida. Eche el orégano y el ajo, y sofría 2 minutos más.

3. Añada la calabaza y rehóguela, tapada, 10 minutos.

4. Agregue el tomate, el caldo y el farro. Tape la cazuela y llévelo a ebullición. Baje el fuego y cuézalo 20 minutos, removiendo de vez en cuando.

5. Eche la col y los garbanzos enjuagados. Prosiga con la cocción 15 minutos más, o hasta que la col empiece a estar tierna.

6. Salpimiente. Antes de servir el guiso, incorpore el cilantro y el zumo de lima.

¡GRAN IDEA!

El farro de cocción rápida *(farro dicocco)* se puede echar en la cazuela sin necesidad de remojarlo o precocerlo. El normal debe cocerse según las indicaciones del envase. Aunque parezca que haya mucho caldo, el farro lo absorberá y el guiso quedará con la cantidad adecuada de líquido.

CEBADA Y JUDIONES CON CHORIZO

El chorizo y el pimiento rojo aportan color y sabor a este reconfortante plato de cebada y judiones. Para realzar aún más el sabor, hágalo con chorizo picante o añada una o dos guindillas picadas.

PARA: 4 PERSONAS

PREPARACIÓN: 15 MINUTOS

COCCIÓN: 1 HORA Y 20 MINUTOS

INGREDIENTES

2 cucharadas de aceite vegetal

1 cebolla picada

3 ramas de apio en rodajas

2 pimientos (ajís) rojos, sin las semillas y en daditos

2 cucharadas de orégano fresco picado

2 dientes grandes de ajo picados

500 g/1¼ lb de chorizo en rodajas gruesas

185 g/1 taza de cebada perlada, enjuagada

1 litro/4 tazas de caldo caliente de pollo

400 g/15 oz de judiones (frijoles grandes) cocidos, escurridos y enjuagados

sal y pimienta al gusto

col (repollo) al vapor, para servir

1. Caliente el aceite en una cazuela de hierro fundido o de base gruesa y sofría la cebolla a fuego medio-fuerte 5 minutos.

2. Añada el apio, el pimiento, el orégano y el ajo, y rehogue 5 minutos más.

3. Eche el chorizo y rehóguelo 5 minutos, dándole la vuelta varias veces.

4. Incorpore la cebada y el caldo, y salpimiente. Llévelo a ebullición, tápelo y cuézalo a fuego lento 1 hora, hasta que la cebada esté tierna, pero aún entera.

5. Agregue los judiones y caliéntelos 5 minutos a fuego lento. Sírvalo con col al vapor.

HAMBURGUESAS DE QUINOA Y REMOLACHA

PARA: 8 PERSONAS

PREPARACIÓN: 35 MINUTOS

COCCIÓN: 1 HORA Y 10 MINUTOS

INGREDIENTES

4 remolachas (betarragas) peladas y en daditos

135 g/¾ de taza de quinoa, enjuagada

350 ml/1½ tazas de caldo de verduras

½ cebolla pequeña, rallada

la ralladura fina de ½ limón

2 cucharaditas de semillas de comino

la clara de 1 huevo grande, medio batida

harina de quinoa, para rebozar

aceite vegetal

sal y pimienta al gusto

rebanadas de pan de masa madre tostadas y ensalada verde, para servir

MANTEQUILLA DE WASABI

1½ cucharaditas de wasabi en polvo

¾ de cucharadita de agua templada

70 g/4 cucharadas de mantequilla a temperatura ambiente

---

1. Cueza las remolachas en la vaporera 1 hora.

2. Mientras tanto, ponga la quinoa en un cazo con el caldo. Llévela a ebullición, tápela y cuézala a fuego lento 10 minutos, o según se indique en el envase. Aparte el cazo del fuego pero déjelo tapado 10 minutos más para que la quinoa se hinche. Ahuéquela con un tenedor y extiéndala en una fuente.

3. Para preparar la mantequilla de wasabi, mezcle el wasabi con el agua. Mézclelo bien con la mantequilla y resérvelo en el frigorífico para que se enfríe.

4. Triture la remolacha en el robot de cocina. En un bol, mézclela con la quinoa, la cebolla, la ralladura de limón, el comino y la clara de huevo. Salpimiente y mezcle bien.

5. Divida la pasta en 8 porciones y deles forma de hamburguesa de 1,5 mm (½ in) de grosor, compactándolas bien. Rebócelas con un poco de harina de quinoa.

6. Caliente una fina capa de aceite en una sartén antiadherente y fría las hamburguesas a fuego medio-fuerte, por tandas si fuera necesario, 2 minutos por cada lado, dándoles la vuelta con cuidado.

7. Ponga las hamburguesas en las tostadas y sírvalas con la mantequilla de wasabi y una ensalada verde.

QUINOA CON HORTALIZAS ASADAS

PARA: 2 PERSONAS

PREPARACIÓN: 20 MINUTOS

COCCIÓN: 30 MINUTOS

INGREDIENTES

2 pimientos (ajís) (del color que prefiera), sin las semillas y troceados

1 calabacín (zapallito) grande troceado

1 bulbo pequeño de hinojo en cuñas finas

1 cucharada de aceite de oliva

2 cucharaditas de romero fresco bien picado

1 cucharadita de tomillo fresco picado

100 g/⅔ de taza de quinoa blanca enjuagada

350 ml/1½ tazas de caldo de verduras sin gluten

2 dientes de ajo majados

3 cucharadas de perejil picado

40 g/⅓ de taza de piñones tostados

sal y pimienta al gusto

1. Precaliente el horno a 220 °C (425 °F). En una fuente refractaria lo bastante grande como para que quepan en una sola capa, extienda el pimiento, el calabacín y el hinojo.

2. Rocíe las hortalizas con el aceite y condiméntelas con el romero y el tomillo. Salpimiéntelas y, con las manos limpias, remuévalas bien. Ase las hortalizas en el horno precalentado de 25 a 30 minutos, hasta que estén tiernas y algo chamuscadas.

3. Mientras tanto, ponga la quinoa en un cazo con el caldo y el ajo. Llévela a ebullición, tápela y cuézala a fuego lento 10 minutos, o según las indicaciones del envase. Aparte el cazo del fuego, pero déjelo tapado 7 minutos más para que la quinoa se hinche. Ahuéquela con un tenedor.

4. Saque la fuente del horno. Mezcle la quinoa con las hortalizas asadas. Eche el perejil y los piñones, y remueva bien. Sírvalo templado o frío.

¡GRAN IDEA! Si lo desea, sustituya la quinoa por arroz integral de grano largo. En ese caso deberá ajustar el tiempo de cocción: el arroz integral tarda entre 30 y 45 minutos en cocerse.

SALMÓN A LA PAPILLOTE CON MIJO Y ESPINACAS

PARA: 4 PERSONAS

PREPARACIÓN: 20 MINUTOS

COCCIÓN: 30 MINUTOS

INGREDIENTES

150 g/¾ de taza de mijo, enjuagado

4 filetes de salmón de 175 g/6 oz y 3 mm/1¼ in de grosor

1 puerro (poro) en bastoncillos

1 zanahoria en bastoncillos

1 rama de apio en bastoncillos

1 cucharada de cebollino (cebollín) picado

85 g/6 cucharadas de mantequilla

200 g/6 oz de espinacas tiernas

sal y pimienta al gusto

1. Meta una fuente refractaria en el horno y precaliéntelo a 220 °C (425 °F). Recorte cuatro cuadrados de papel vegetal de 33 mm (13 in) de lado.

2. Ponga a hervir agua en un cazo. Eche el mijo y ½ cucharadita de sal. Cuando vuelva a romper el hervor, baje un poco el fuego y cueza el mijo 10 minutos, o según las indicaciones del envase. Escúrralo y resérvelo.

3. Ponga un filete de salmón en el centro de cada trozo de papel. Reparta por encima el puerro, la zanahoria, el apio y el cebollino. Salpimiente y esparza la mitad de la mantequilla en copos. Cierre los paquetitos, remetiendo bien los bordes pero dejando espacio suficiente para que circule el vapor por dentro.

4. Ponga los paquetes en la fuente precalentada y cueza el salmón en el horno 12 minutos.

5. Mientras tanto, derrita el resto de la mantequilla en una sartén a fuego medio-fuerte. Rehogue el mijo cocido con las espinacas hasta que las hojas empiecen a ablandarse. Salpimiente.

6. Reparta el mijo con espinacas entre cuatro platos y coloque el contenido de cada paquete encima de cada ración. Sírvalo enseguida.

CONSEJOS ÚTILES

COMPRA

Los cereales han dejado de estar relegados a las tiendas de dietética y se han hecho un hueco en supermercados y otros establecimientos de alimentación. Hay mucho donde elegir. La estrella de los cereales, la quinoa, ya se encuentra en muchas tiendas, mientras que otros menos conocidos, como el trigo zorollo y el mijo, van asomando la nariz.

Si compra cereales empaquetados, fíjese en la fecha de consumo preferente y compre solo lo que crea que vaya a consumir hasta entonces. Si los compra a granel, asegúrese de que el establecimiento renueve existencias con frecuencia.

CONSERVACIÓN

Los cereales integrales contienen grasa y, por tanto, se enrancian expuestos al calor, la luz y el aire. Guárdelos en recipientes herméticos en un lugar frío y oscuro, o en el frigorífico.

Una vez cocidos, es mejor comerlos enseguida. Si no fuera posible, métalos en la nevera como máximo 1 hora después y consúmalos en el plazo de 24 horas.

COCCIÓN

Para hacerlos comestibles, los cereales se cuecen en líquido, normalmente agua. Aun así, para enriquecerlos pueden cocerse en caldo de verduras, zumo de tomate diluido o el agua de haber hecho una verdura. Otras opciones son leche, leche de coco o zumo de fruta. Con un poco de sal redondeará su sabor.

Recuerde que el volumen de los cereales aumenta entre dos y cuatro veces con la cocción, por lo que deberá cocerlos en una cazuela lo bastante grande. Elíjala con una buena tapa para que no se escape el vapor, y de base gruesa para que no se peguen. Le irá mejor una cazuela ancha que una alta, porque el cereal se expandirá mejor y el líquido se evaporará más deprisa. Así, los cereales se cocerán de modo uniforme y no se desharán.

VEGETARIANOS

Si es vegetariano, deberá llevar una dieta variada y equilibrada. Consuma alimentos feculosos ricos en hidratos de carbono, que le aportarán energía, y frutas y verduras en abundancia. También, cantidades moderadas de proteínas, y una pequeña parte de grasas.

Los cereales integrales son muy polifacéticos, pues aportan buena parte de los nutrientes que el organismo necesita. La fibra del grano (el endospermo) está formada por energéticos hidratos de carbono y proteínas. Y en su corazón reside el embrión graso, el germen, que también contiene proteínas. Envuelve el grano la capa de salvado, otra fuente de proteínas y grasa, así como de minerales, vitaminas del grupo B, vitamina E y fibra, que reduce el colesterol.

En comparación con los cereales refinados, los integrales contienen más minerales y vitaminas del grupo B, y algunos incluso aportan proteínas «completas» equiparables a las de origen animal.

Como ya habrá visto en este libro, es muy fácil incorporar cereales a una gran variedad de platos vegetarianos. Para localizarlos, solo tiene que buscar el símbolo que aparece arriba, que indica las recetas compatibles con una dieta vegetariana.

LUBINA ASADA CON QUINOA FRITA

PARA: *2 PERSONAS*

PREPARACIÓN: 20 MINUTOS

COCCIÓN: 40 MINUTOS, MÁS REPOSO

INGREDIENTES

85 g/½ taza de quinoa blanca, enjuagada

225 ml/1 taza de agua

2 lubinas de 350 g/12 oz enteras, escamadas, limpias y sin la cabeza

2 cucharaditas de semillas de hinojo majadas

½ limón en conserva, troceado

3 cucharadas de aceite de oliva, y un poco más para pintar

6 cucharadas de perejil picado

sal y pimienta al gusto

cuñas de limón, para adornar

1. Ponga la quinoa en un cazo con el agua y llévela a ebullición. Tápela y cuézala a fuego lento 10 minutos, o según las indicaciones del envase. Aparte el cazo del fuego, pero déjelo tapado 10 minutos más para que la quinoa se hinche. Ahuéquela con un tenedor y extiéndala en una fuente para que se seque.

2. Realice dos cortes superficiales en cada lado de las lubinas. Mezcle las semillas de hinojo con el limón, ¼ de cucharadita de sal y ¼ de cucharadita de pimienta. Sazone con ello las lubinas por dentro.

3. Extienda la quinoa cocida en una sartén de 28-30 mm (11-12 in) de diámetro. Caliéntela a fuego medio-fuerte y rocíela con el aceite. Rehogue la quinoa 2 minutos, baje el fuego a medio y rehóguela 15 minutos más, hasta que empiece a estar crujiente. Incorpore el perejil y salpimiente. Resérvela caliente.

4. Precaliente el gratinador. Forre una fuente refractaria con papel de aluminio. Pinte las lubinas con abundante aceite y póngalas en la fuente. Áselas bajo el gratinador 4 o 5 minutos por cada lado, hasta que estén opacas por dentro.

5. Reparta la quinoa entre dos platos. Ponga el pescado encima, adórnelo con cuñas de limón y sírvalo enseguida.

ALFORFÓN CON CALABAZA Y CHAMPIÑONES

El alforfón tostado es dorado y tiene un sabor a frutos secos más marcado que el crudo. Por sí solo puede parecer insípido, pero con los champiñones, la cebolla y la calabaza glaseada al vinagre balsámico conforma un plato muy sabroso.

PARA: 4 PERSONAS

PREPARACIÓN: 25 MINUTOS

COCCIÓN: 30 MINUTOS

INGREDIENTES

1 calabaza (zapallo anco) de carne consistente de alrededor de 1 kg/2 lb 4 oz

1 cucharada de vinagre (aceto) balsámico espeso sin gluten

125 ml/½ taza de aceite de oliva

1 buena nuez de mantequilla

225 g/1¼ tazas de alforfón (trigo sarraceno) tostado enjuagado

1 huevo un poco batido

450 ml/2 tazas de caldo de verduras sin gluten caliente

1 cebolla, partida por la mitad y luego en rodajas

250 g/4 tazas de champiñones pequeños en cuartos

2 cucharadas de zumo (jugo) de limón

6 cucharadas de perejil picado

25 g/¼ de taza de nueces troceadas

sal y pimienta al gusto

1. Precaliente el horno a 200 °C (400 °F). Corte la calabaza en 8 cuñas, pélela y quítele las pipas.

2. Ponga la calabaza en una fuente refractaria y mézclela con el vinagre y 6 cucharadas del aceite. Salpimiente y reparta la mantequilla en copos por encima. Ase la calabaza en el horno precalentado de 25 a 30 minutos, hasta que empiece a caramelizarse.

3. Mientras tanto, ponga el alforfón en una sartén. Eche el huevo y mezcle bien. Remueva a fuego medio 3 minutos, hasta que el alforfón absorba la humedad del huevo. Añada el caldo y ½ cucharadita de sal. Cuézalo a fuego lento 9 o 10 minutos, o según las indicaciones del envase, hasta que el alforfón esté tierno, pero no deshecho. Apártelo del fuego.

4. Caliente el resto del aceite en una sartén honda y rehogue la cebolla 10 minutos a fuego medio. Salpimiente. Agregue los champiñones y rehogue 5 minutos más. Incorpore el alforfón, el zumo de limón y buena parte del perejil.

5. Reparta entre los platos el alforfón y la calabaza. Esparza las nueces y el resto del perejil por encima.

BERENJENAS RELLENAS DE QUINOA

PARA: 2 PERSONAS

PREPARACIÓN: 15 MINUTOS

COCCIÓN: 45 MINUTOS

INGREDIENTES

2 berenjenas (unos 950 g/2 lb 2 oz en total)

1 cucharada de aceite de oliva

1 cebolla pequeña en daditos

2 dientes de ajo bien picados

135 g/¾ de taza de quinoa blanca, enjuagada

350 ml/1½ tazas de caldo de verduras sin gluten

1 cucharadita de sal

1 pizca de pimienta

2 cucharadas de almendras fileteadas tostadas

3 cucharadas de menta bien picada

85 g/½ taza de feta para vegetarianos desmenuzado

1. Precaliente el horno a 230 °C (450 °F). Ponga las berenjenas en una fuente refractaria y áselas en el horno precalentado 15 minutos, o hasta que estén tiernas. Sáquelas del horno y déjelas enfriar un poco.

2. Mientras tanto, caliente el aceite a fuego medio-fuerte en una sartén grande de base gruesa. Sofría la cebolla y el ajo, removiendo de vez en cuando, 5 minutos o hasta que estén tiernos. Añada la quinoa, el caldo, la sal y la pimienta.

3. Parta las berenjenas por la mitad a lo largo y vacíelas con una cuchara, dejando las cáscaras con 5 mm (¼ in) de grosor para que conserven la forma.

4. Pique la pulpa de berenjena y mézclela con la quinoa. Baje el fuego a medio-lento, tape la sartén y cuézalo unos 15 minutos, o según las indicaciones del envase de quinoa, hasta que esté hecha. Apártelo del fuego e incorpórele las almendras, 2 cucharadas de la menta y la mitad del queso.

5. Rellene las berenjenas con la quinoa y esparza el resto del queso por encima. Caliéntelas de 10 a 15 minutos en el horno, hasta que el queso borbotee y empiece a dorarse. Adórnelas con el resto de la menta y sírvalas.

ALBÓNDIGAS CON TOMATE

La carne picada se liga con semillas de chía molidas en lugar de pan rallado. Al humedecerse, las semillas aportan una textura gelificada, por lo que son una magnífica fuente de hidratos de carbono de liberación lenta.

PARA: 4 PERSONAS   **PREPARACIÓN: 25 MINUTOS**   **COCCIÓN: 45 MINUTOS**

INGREDIENTES

800 g/28 oz de tomate (jitomate) troceado de lata

5 dientes de ajo majados

2 cucharaditas de orégano

150 ml/⅔ de taza de aceite de oliva

½ cucharadita de sal

perejil picado y parmesano rallado

ALBÓNDIGAS

1 cebolla pequeña rallada

la ralladura fina de 1 limón grande

2 dientes de ajo majados

2 cucharaditas de orégano

1 cucharadita de sal

¾ de cucharadita de pimienta

la clara de 1 huevo grande

500 g/1 lb de carne de cerdo picada

250 g/8 oz de carne de buey (vaca) picada

4 cucharadas de chía molida

1. Primero, prepare las albóndigas. Mezcle la cebolla con la ralladura de limón, el ajo, el orégano, la sal, la pimienta y la clara de huevo medio batida.

2. Mezcle en un bol las dos carnes picadas. Añada la cebolla condimentada y mezcle bien. Incorpore las semillas de chía y déjelo reposar.

3. Mientras tanto, ponga el tomate en una cazuela con el ajo, el orégano, 4 cucharadas del aceite y la sal. Llévelo a ebullición, baje el fuego y cueza la salsa, sin tapar, 30 minutos o hasta que se espese.

4. Haga con la carne 20 bolas, dándoles forma con las manos hasta que estén consistentes.

5. Caliente el resto del aceite en una sartén grande. Fría las albóndigas unos 8 minutos hasta que se doren de modo uniforme. Déjelas escurrir sobre papel de cocina, póngalas en la salsa de tomate y cuézalas 5 minutos a fuego lento.

6. Reparta las albóndigas y la salsa entre cuatro platos y esparza perejil picado por encima. Sírvalas con parmesano rallado.

3

2

4

ESTOFADO DE POLLO CON TRIGO ZOROLLO

PARA: 4 PERSONAS

PREPARACIÓN: 25 MINUTOS

COCCIÓN: 55 MINUTOS

INGREDIENTES

1 cucharadita de harissa

1 cucharada de semillas de comino

½ cucharadita de pimienta

1 cucharadita de sal

125 ml/½ taza de aceite de oliva

1 kg/2¼ lb de raíces y tubérculos variados, como zanahorias, nabos y patatas (papas) rojas, pelados y en trozos grandes

8 muslos de pollo

2 cebollas picadas

2 dientes de ajo grandes en láminas finas

150 ml/⅔ de taza de caldo de pollo

225 g/1½ tazas de trigo zorollo, enjuagado

700 ml/3 tazas de agua

6 cucharadas de cilantro picado

1. Bata la harissa con el comino, la pimienta, ½ cucharadita de la sal y 5 cucharadas del aceite. Vierta la mitad del condimento sobre los tubérculos y remueva para que se impregnen bien. Unte bien los muslos de pollo con el resto del condimento.

2. Caliente 2 cucharadas del aceite en una cazuela y rehogue la cebolla 5 minutos a fuego lento. Eche el ajo y sofría 2 minutos más. Añada los tubérculos, tape la cazuela y siga rehogando otros 10 minutos.

3. Caliente el resto del aceite en una sartén. Sofría el pollo, dándole la vuelta, de 6 a 8 minutos, o hasta que se dore de modo uniforme, y añádalo a la cazuela. Vierta el caldo, tápelo y cuézalo a fuego lento 30 minutos, o hasta que el pollo esté hecho.

4. Mientras tanto, ponga el trigo en un cazo con el agua y el resto de la sal. Llévelo a ebullición, tape el cazo y cuézalo a fuego medio 25 minutos, o según las indicaciones del envase.

5. Cuele el guiso de pollo en un escurridor encajado en la boca de un bol. Devuelva la salsa a la cazuela y deje que hierva hasta que se reduzca.

6. Escurra el trigo y extiéndalo en una fuente de servicio grande. Disponga el pollo y los tubérculos por encima y nápelo con la salsa. Adórnelo con el cilantro y sírvalo enseguida.

FIDEOS DE ALFORFÓN CON SETAS

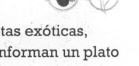

Estos fideos, los *soba* japoneses, combinados con setas exóticas, *edamame* (habas tiernas de soja) y condimentos, conforman un plato saciante y muy nutritivo. Es ideal para veganos y, además, si se prepara con tamari (salsa de soja sin trigo) no contiene gluten.

PARA: 4 PERSONAS   **PREPARACIÓN: 15 MINUTOS**   **COCCIÓN: 15 MINUTOS**

INGREDIENTES

200 g/8 oz de fideos de alforfón (trigo sarraceno) sin gluten troceados

250 g/1⅔ tazas de habas tiernas de soja *(edamame)* congeladas

5 cucharadas de aceite vegetal

1 trozo de jengibre de 2 mm/¾ in, pelado y bien picado

1 puerro (poro), solo la parte verde central, en rodajitas al bies

2 dientes de ajo grandes, en láminas finas al bies

250 g/8 oz de setas *buma shimeji* (o setas de cardo, o *shiitake,* en láminas), limpias y troceadas

½ cucharadita de pimienta

el zumo (jugo) de ½ lima (limón)

3 cucharadas de tamari

1 cucharada de aceite de sésamo tostado

2 cucharaditas de sésamo

25 g/⅓ de taza de brotes de guisante (arveja)

wasabi sin gluten en pasta

1. Ponga agua a hervir en una cazuela. Eche los fideos y, contando desde que vuelva a romper el hervor, cuézalos según las indicaciones del envase. Escúrralos reservando el agua de cocción, enjuáguelos bien y resérvelos.

2. Ponga agua a hervir en otra cazuela y eche la soja. Cuézala 3 minutos contando desde que el agua vuelva a hervir. Escúrrala y resérvela caliente.

3. Caliente el aceite en un wok o una sartén grande y saltee el jengibre, el puerro y el ajo a fuego medio-fuerte 1 minuto.

4. Eche las setas en el wok y saltéelas 3 minutos, hasta que suelten su jugo.

5. Añada la pimienta, el zumo de lima y el tamari. Saltee 1 minuto más y añada la soja reservada.

6. Caliente el agua de cocción de los fideos. Eche los fideos, remueva hasta que estén bien calientes y repártalos entre cuatro cuencos. Reparta las setas salteadas por encima. Rocíelo con el aceite de sésamo, adórnelo con las semillas de sésamo y los brotes de guisante, y sírvalo enseguida, con wasabi.

101

LANGOSTINOS CON ARROZ ROJO CRUJIENTE

PARA: 4 PERSONAS

PREPARACIÓN: 30 MINUTOS, MÁS MARINADO Y REMOJO

COCCIÓN: 1 HORA

INGREDIENTES

500 g/1 lb de langostinos, pelados y sin el hilo intestinal

el zumo (jugo) de 4 limas (limones)

1 guindilla (chile) roja fresca pequeña, sin las semillas y bien picada

5 cucharadas de aceite de oliva

125 g/⅔ de taza de arroz rojo de la Camarga o arroz largo integral, enjuagado

300 ml/1¼ tazas de agua

3 endibias rojas, deshojadas

10-12 rábanos en rodajas

3 cebolletas (cebollas tiernas) en juliana

4 cucharadas de brotes de quinoa (véanse las páginas 50-51)

sal y pimienta al gusto

1. Ponga los langostinos en una fuente llana que no sea metálica. Eche por encima el zumo de lima, la guindilla y 2 cucharadas del aceite. Déjelos marinar 2 horas en el frigorífico.

2. Ponga el arroz en un cazo con el agua y ½ cucharadita de sal. Llévelo a ebullición, tape el cazo y cuézalo 40 minutos, o según las indicaciones del envase. Ahueque el arroz con un tenedor y extiéndalo en una bandeja para que se seque.

3. Mientras tanto, ponga en remojo 4 brochetas de madera y déjelas 30 minutos como mínimo. Precaliente el gratinador.

4. Pase el arroz a una sartén en la que quepa en una fina capa. Caliéntelo a fuego medio-fuerte y rocíelo con el aceite restante. Tuéstelo unos minutos, hasta que se forme una corteza. Dele la vuelta y tuéstelo por el otro lado. Resérvelo caliente a fuego lento.

5. Mientras tanto, escurra los langostinos, ensártelos en las brochetas remojadas y salpiméntelos. Áselos bajo el gratinador precalentado 5 o 6 minutos, hasta que estén rosados.

6. Reparta las hojas de endibia entre cuatro platos y rellénelas con el arroz, el rábano y la cebolleta. Desensarte los langostinos asados y distribúyalos por encima. Esparza luego los brotes de quinoa y sírvalo.

CALABACITAS RELLENAS DE TRIGO ZOROLLO

PARA: 4 PERSONAS

PREPARACIÓN: 30 MINUTOS

COCCIÓN: 1 HORA Y 10 MINUTOS

INGREDIENTES

115 g/¾ de taza de trigo zorollo, enjuagado

350 ml/1½ tazas de agua

1½ cucharadas de concentrado de tomate

4 calabacitas (zapallitos) redondas de 10 mm/4 in de diámetro

3 cucharadas de aceite de oliva, y un poco más para untar y aliñar

1 cebolla bien picada

2 dientes de ajo bien picados

40 g/⅓ de taza de nueces troceadas

80 g/½ taza de alubias (porotos) negras cocidas, escurridas y enjuagadas

4 cucharadas de perejil picado

115 g/4 oz de queso halloumi, muenster o mozzarella para vegetarianos, en lonchas (lonjas)

sal y pimienta al gusto

1. Ponga el trigo en un cazo con el agua, el concentrado de tomate y ½ cucharadita de sal. Llévelo a ebullición, tape el cazo y cuézalo 25 minutos, o según las indicaciones del envase. Escúrralo y resérvelo.

2. Precaliente el horno a 200 ° C (400 °F). Unte con un poco de aceite una fuente refractaria. Córteles una tapa a las calabazas y saque las pipas.

3. Caliente 3 cucharadas del aceite en una sartén y rehogue la cebolla a fuego medio 3 minutos. Añada el ajo, las nueces y las alubias, y rehogue 2 minutos más. Póngalo en un bol. Añada el trigo y el perejil, salpimiente y mézclelo bien. Rellene las calabacitas, comprimiendo bien el relleno.

4. Ponga las calabazas rellenas en la fuente. Tápelas con una gruesa capa de papel de aluminio para retener bien el vapor y cuézalas 30 minutos en el horno precalentado. Sáquelas y suba la temperatura del horno a 220 °C (425 °F).

5. Reparta el queso por encima de las calabazas rellenas y rocíelas con un poco de aceite. Devuélvalas al horno y áselas, sin tapar, de 5 a 8 minutos más, hasta que el queso empiece a dorarse. Sírvalas enseguida.

PILAF DE TRES CEREALES CON POLLO

PARA: 4 PERSONAS

PREPARACIÓN:
20 MINUTOS

COCCIÓN: 1 HORA
Y 5 MINUTOS

INGREDIENTES

60 g/⅓ de taza de quinoa roja,
enjuagada

50 g/¼ de taza de arroz rojo de
la Camarga o arroz largo
integral, enjuagado

60 g/¼ de taza de mijo,
enjuagado varias veces

4 cucharadas de aceite vegetal

1 cebolla roja bien picada

3 ramas de apio en rodajitas

3 zanahorias ralladas

4 cebolletas (cebollas tiernas
o de verdeo), con alguna parte
verde incluida, en rodajitas

2 pechugas de pollo pequeñas
sin la piel ni el hueso,
en lonchas (lonjas) finas

el zumo (jugo) de 2 naranjas
pequeñas

55 g/½ taza de arándanos rojos
deshidratados

3 cucharadas de almendras,
partidas por la mitad a lo largo

sal y pimienta al gusto

1. Ponga la quinoa y el arroz en dos cazuelas distintas con ½ cucharadita de sal y añada agua hasta cubrirlos. Llévelos a ebullición, tápelos y cuézalos a fuego lento, 10 minutos la quinoa y 40 minutos el arroz, o según las indicaciones de los envases. Aparte las cazuelas del fuego pero déjelas tapadas 5 minutos más para que la quinoa y el arroz se hinchen. Ahuéquelos con un tenedor.

2. Ponga agua a hervir en otra cazuela. Eche el mijo y ½ cucharadita de sal. Llévelo a ebullición y cuézalo a fuego medio 10 minutos, o según las indicaciones del envase. Escúrralo y resérvelo.

3. Caliente 2 cucharadas del aceite en una sartén grande y honda, y rehogue a fuego lento la cebolla 5 minutos.

4. Añada el apio, la zanahoria y la cebolleta, y rehogue 2 o 3 minutos más. Salpimiente y resérvelo en una fuente.

5. Vierta el aceite restante en la sartén y caliéntelo a fuego medio-fuerte. Fría el pollo hasta que esté hecho. Añada la quinoa, el arroz y el mijo, y remueva 2 minutos.

6. Agregue las hortalizas reservadas, el zumo de naranja, los arándanos y las almendras, y remueva para calentar bien los cereales. Sírvalo enseguida.

DULCES

QUINOA CON LECHE DE COCO Y MANGO

PARA: 4 PERSONAS

PREPARACIÓN: 15 MINUTOS, MÁS REPOSO

COCCIÓN: 20 MINUTOS, MÁS REPOSO

INGREDIENTES

300 ml/1¼ tazas de leche de coco

115 g/⅔ de taza de quinoa blanca, enjuagada

1 mango grande maduro

75 g/⅓ de taza de azúcar

el zumo (jugo) de 1 lima (limón) grande

1 trozo de jengibre de 4 mm/1½ in, troceado

100 g/⅔ de taza de arándanos

4 cucharadas de virutas de coco tostadas

4 cuñas de lima (limón), para adornar

1. Ponga la leche de coco y la quinoa en un cazo y llévelo a ebullición a fuego medio. Cuando hierva, tápelo y cueza la quinoa a fuego lento de 15 a 20 minutos, o según las indicaciones del envase, hasta que absorba casi todo el líquido. Aparte el cazo del fuego pero déjelo tapado 10 minutos más para que la quinoa se hinche. Ahuéquela con un tenedor y déjela enfriar en un bol.

2. Mientras tanto, pele el mango, quítele el hueso y trocéelo. Póngalo en el robot de cocina con el azúcar y el zumo de lima. Triture el jengibre con una prensa de ajos y añádalo al mango. Tritúrelo 30 segundos, hasta obtener un puré.

3. Mezcle el puré de mango con la quinoa enfriada y déjelo reposar 30 minutos.

4. Repártalo entre cuatro cuencos y esparza los arándanos y el coco por encima. Adórnelo con las cuñas de lima y sírvalo.

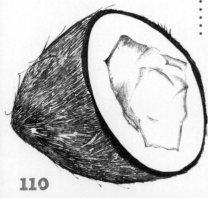

AMARANTO CON FRUTOS ROJOS

PARA: 4 PERSONAS

PREPARACIÓN: 10 MINUTOS, MÁS REMOJO Y ENFRIADO

COCCIÓN: 20 MINUTOS, MÁS REPOSO

INGREDIENTES

90 g/½ taza de amaranto, dejado en remojo la noche anterior

225 ml/1 taza de agua

350 g/3 tazas de frutos rojos variados congelados, como moras, arándanos y frambuesas, descongelados

6 cucharadas de azúcar, o al gusto

zumo (jugo) de limón al gusto

nata (crema) montada, para servir

1. Escurra el amaranto con un colador de malla fina y póngalo en un cazo con el agua. Llévelo a ebullición, tápelo y cuézalo a fuego lento 15 minutos, o según las indicaciones del envase. Aparte el cazo del fuego, pero déjelo tapado 10 minutos más para que el amaranto se hinche.

2. Mientras tanto, caliente en una cazuela a fuego medio los frutos rojos con el azúcar y, cuando esté a punto de romper el hervor, baje el fuego y cuézalos 3 o 4 minutos, hasta que estén tiernos.

3. Reserve la mitad de los frutos rojos y triture el resto en la batidora.

4. Mezcle el puré de fruta con el amaranto y zumo de limón. Tápelo y enfríelo en el frigorífico 1 hora.

5. Repártalo entre cuatro vasos. Añada los frutos rojos reservados por encima, adórnelo con nata montada y sírvalo enseguida.

¡GRAN IDEA!

El remojo suaviza la textura arenosa del amaranto. El tiempo mínimo es una noche, pero con 24 horas de remojo se obtienen aún mejores resultados. Después de cocer el amaranto, déjelo reposar para que se hinche antes de mezclarlo con la fruta.

CIRUELAS ASADAS CON AVELLANAS

PARA: 6 PERSONAS

PREPARACIÓN: 15 MINUTOS

COCCIÓN: 25 MINUTOS

INGREDIENTES

10 ciruelas rojas maduras (unos 700 g/25 oz)

150 ml/²/₃ de taza de agua

75 g/¹/₃ de taza de azúcar

4 tiras finas de piel (cáscara) de naranja

COBERTURA

115 g/1 barra de mantequilla sin sal

115 g/1 taza de harina de quinoa

75 g/³/₄ de taza de copos de avena sin gluten

115 g/²/₃ de taza de azúcar

2 cucharaditas de esencia de vainilla

4 cucharadas de avellanas tostadas, picadas

1. Parta las ciruelas por la mitad a lo largo. Separe ambas mitades y deseche los huesos. Córtelas por la mitad para obtener cuñas.

2. Disponga las ciruelas en una fuente refractaria de 25 x 19 mm (10 x 7½ in), con la piel hacia arriba y en una sola capa.

3. Ponga el agua, el azúcar y la piel de naranja en un cazo, llévelo a ebullición y hiérvalo unos 5 minutos, hasta obtener un almíbar. Deseche la piel de naranja. Rocíe las ciruelas con el almíbar.

4. Precaliente el horno a 190 °C (375 °F). Para hacer la cobertura, mezcle con los dedos la mantequilla y la harina. Añada el resto de los ingredientes y mezcle hasta obtener una pasta grumosa. Si quedara demasiado seca, añádale 1 cucharada de agua.

5. Reparta la cobertura por encima de las ciruelas. Cuézalo en el horno precalentado 20 minutos, hasta que burbujee y las ciruelas estén hechas. Si se dorara demasiado pronto, tápelo con papel de aluminio holgado. Sáquelo del horno, repártalo en cuencos y sírvalo enseguida.

PANADERÍA Y REPOSTERÍA

Si le gusta hacer panes y pasteles, disfrutará probando distintas harinas. Ahora ya no la hay solo integral de trigo, sino también otras menos conocidas, como las de mijo o alforfón, y están las que se elaboran con pseudocereales, como la quinoa y el amaranto. Estas harinas aportan diferentes nutrientes, texturas y sabores, y con ellas se pueden preparar desde bizcochos jugosos hasta galletas y panes.

GLUTEN

La harina se clasifica en términos de «fuerza», que indica la cantidad de gluten que contiene. El gluten es una proteína que se encuentra en los cereales junto con el almidón. Cuando se mezcla con agua y levadura, se obtiene una masa elástica y aireada que se hincha con facilidad y mantiene la forma durante la cocción.

Pero el gluten puede provocar trastornos digestivos en las personas celiacas, que deben abstenerse de ingerirlo en su dieta. Por fortuna, existen harinas integrales sin gluten, y cada vez es más habitual encontrar preparados para repostería sin gluten y espesantes y emulsionantes que tampoco lo contienen, como la goma xantana y la goma guar. En la tabla de la página siguiente verá qué cereales no contienen gluten.

Las harinas integrales bajas en gluten o sin gluten deben tratarse de forma distinta a la harina de trigo para aligerar la textura de pastas y panes. Suelen mezclarse con una harina rica en gluten o con leudantes, como suero de mantequilla, bicarbonato o levadura (esta última contiene un almidón derivado del trigo, por lo que, si se es intolerante, hay que comprobar que en el paquete se especifique «sin gluten»). En general, suelen necesitar más líquido, y las masas tienen que reposar después de trabajarlas para que se ablande el salvado.

	Con gluten	Sin gluten
Alforfón		✓
Amaranto		✓
Arroz		✓
Avena*		✓
Cebada	✓	
Centeno	✓	
Chía		✓
Espelta	✓	
Farro	✓	
Harina de maíz		✓
Kamut	✓	
Mijo		✓
Quinoa		✓
Trigo zorollo	✓	

*En teoría la avena no contiene gluten, aunque es fácil que durante el cultivo, la cosecha o el envasado entre en contacto con otros cereales que sí lo contienen. Si es celiaco, compruebe que en el envase se especifique «sin gluten».

HUMEDAD

La humedad del aire afecta en gran medida a las pastas y masas. Si el aire es húmedo probablemente necesite menos líquido, mientras que si es seco y hace mucho calor o mucho frío, necesitará más. La experiencia le ayudará a encontrar el punto justo. Si la pasta o la masa quedaran demasiado pegajosas o secas, espolvoréelas con un poco de harina o salpíquelas con agua y vuelva a trabajarlas.

CONSERVACIÓN

Las harinas integrales se conservan varios meses en recipientes herméticos en un lugar fresco y oscuro. Si hace mucho que las tiene, huélalas o pruebe un poco para comprobar que no se hayan enranciado.

BARRITAS DE PASAS Y ALBARICOQUE

Perfectas si se está pendiente de la báscula: estas barritas de cereales ricas en fibra apenas contienen grasas, pero son deliciosas. Se conservan más de una semana en un recipiente hermético de plástico, de modo que merece la pena hacer el doble de cantidad.

PARA: 12 BARRITAS

PREPARACIÓN: 15 MINUTOS

COCCIÓN: 45 MINUTOS, MÁS ENFRIADO

INGREDIENTES

350 g/2 tazas de orejones de albaricoque (damasco)

2 cucharadas de aceite de girasol, y un poco más para untar

la ralladura fina de ½ naranja

las semillas de 5 vainas de cardamomo, majadas (opcional)

140 g/1 taza de pasas

115 g/1¼ tazas de copos de avena sin gluten

1. Ponga los orejones en una cazuela y cúbralos con agua. Caliéntelos a fuego medio y, cuando estén a punto de hervir, baje el fuego y cuézalos 5 minutos, o hasta que estén bien tiernos. Escúrralos.

2. Ponga los orejones de albaricoque en el robot de cocina con el aceite y tritúrelos bien.

3. Vierta el puré en un bol e incorpore la ralladura de naranja y el cardamomo. Déjelo enfriar.

4. Precaliente el horno a 180 °C (350 °F). Unte con aceite un molde cuadrado de 20 mm (8 in) de lado.

5. Mezcle el puré de albaricoque con las pasas y la avena.

6. Extienda la pasta en el molde y alísela con una espátula. Cuézala en el horno precalentado de 35 a 40 minutos, hasta que esté consistente. Transcurridos 25 minutos de cocción, tápela con papel de aluminio para que no se queme.

7. Déjela reposar 15 minutos en el molde. Desmóldela en una rejilla metálica y, cuando se haya enfriado del todo, córtela en 12 barritas.

BARRITAS DE ARÁNDANOS Y MIEL

PARA: 12 BARRITAS

PREPARACIÓN: 15 MINUTOS

COCCIÓN: 30 MINUTOS, MÁS ENFRIADO

INGREDIENTES

aceite de girasol, para untar

100 g/¾ de taza de una mezcla de harinas sin gluten

¾ de cucharadita de levadura sin gluten

55 g/½ taza de copos de quinoa

55 g/3⅔ tazas de arroz hinchado

55 g/½ taza de almendras fileteadas

225 g/1½ tazas de arándanos

100 g/½ taza de margarina sin lactosa

100 g/½ taza de miel

1 huevo batido

1. Precaliente el horno a 180 °C (350 °F). Unte con aceite un molde bajo rectangular de 28 x 18 mm (11 x 7 in) y fórrele la base con papel vegetal.

2. En un bol, mezcle la harina con la levadura, la quinoa, el arroz hinchado, las almendras y los arándanos. En un cazo, caliente a fuego lento la margarina con la miel hasta que se derritan; después, incorpórelo a los ingredientes secos con el huevo.

3. Extienda la pasta en el molde y alísela con una espátula. Cuézala en el horno precalentado de 25 a 30 minutos, hasta que se dore y adquiera consistencia.

4. Déjela reposar 15 minutos en el molde y, después, córtela en 12 barritas. Páselas a una rejilla metálica para que se enfríen del todo.

TARTA DE CHOCOLATE CON NUECES

PARA:
8-10 PORCIONES

PREPARACIÓN: 35 MINUTOS, MÁS ENFRIADO

COCCIÓN: 45 MINUTOS, MÁS ENFRIADO

INGREDIENTES

250 g/2 tazas de nueces troceadas

175 g/¾ de taza y 2 cucharadas de azúcar

3 huevos

60 g de *amaretti* troceados

55 g/4 cucharadas de mantequilla sin sal derretida, y un poco más para untar

85 g/3 oz de chocolate negro derretido

1 cucharada de café soluble

BASE DE HARINA DE ALFORFÓN

115 g/1 taza de harina de alforfón (trigo sarraceno)

70 g/⅔ de taza de harina de trigo

1 cucharada de cacao en polvo

2 cucharadas de azúcar

115 g/1 barra de mantequilla sin sal

1½ cucharadas de agua fría

1. Para hacer la base, tamice en un bol las harinas, el cacao y el azúcar. Con la punta de los dedos, mézclelo con la mantequilla hasta obtener una textura como de pan rallado. Añada el agua y mezcle con un tenedor. Trabaje un poco la masa, envuélvala en film transparente y déjela en la nevera 30 minutos.

2. Precaliente el horno a 160 °C (325 °F). Engrase un molde hondo para tarta de 24 mm (9½ in).

3. Extienda la masa en un redondel y forre el molde con ella. Recorte la sobrante con el rodillo.

4. Para preparar el relleno, muela en la picadora o el robot de cocina 225 g (1¾ tazas) de las nueces con 55 g (¼ de taza) del azúcar. Pique el resto de las nueces y resérvelas.

5. Bata el resto del azúcar con los huevos 5 minutos, hasta obtener una crema espesa. Sin dejar de batir, añada el polvo de nueces y azúcar, las migas de *amaretti*, la mantequilla, el chocolate y el café.

6. Vierta el relleno en la base de la tarta y cuézala en el horno precalentado 35 minutos. Sáquela del horno y adórnela con las nueces picadas reservadas. Devuélvala al horno y cuézala 10 minutos más, o hasta que, al pincharla con un palillo, salga limpio.

7. Déjela reposar 15 minutos antes de desmoldarla.

TARTA DE CALABAZA CON ESPECIAS

PARA: 8 PORCIONES **PREPARACIÓN:** 30 MINUTOS, MÁS REMOJO **COCCIÓN:** 1 HORA 15 MINUTOS, MÁS ENFRIADO

INGREDIENTES

50 g/⅔ de taza de pasas

½ calabaza (zapallo anco) almizclera, pelada y en dados (unos 450 g/16 oz)

150 g/1¼ barras de mantequilla sin sal, y un poco más para untar

150 g/¾ de taza de azúcar

50 g/½ taza de almendras picadas

50 g/¼ de taza de piel (cáscara) de cítricos confitada

la ralladura fina de 1 limón

1½ cucharaditas de canela molida

1½ cucharaditas de jengibre molido

85 g/¾ de taza de harina de kamut

1 cucharadita de levadura

2 huevos

azúcar glas (impalpable)

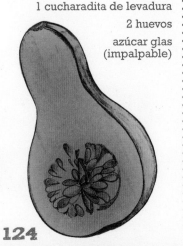

1. Ponga las pasas en un bol, viértales encima agua hirviendo y déjelas en remojo.

2. Precaliente el horno a 180 °C (350 °F). Engrase un molde desmontable de 23 mm (9 in) de diámetro y fórrelo con papel vegetal.

3. Ponga la calabaza en una cazuela con la mantequilla. Tápela y cuézala a fuego medio unos 15 minutos. Pásela a un bol y cháfela bien.

4. Añada el azúcar, la almendra, la piel de cítricos, la ralladura de limón, la canela, el jengibre y las pasas, y remueva bien.

5. Tamice la harina con la levadura y añada el salvado que haya quedado en el tamiz. Mézclela poco a poco con el contenido del bol.

6. Bata las yemas de los huevos unos 3 minutos, hasta que se espesen. Incorpórelas a la pasta de calabaza.

7. Monte las claras a punto de nieve. Incorpórelas con cuidado a la pasta, removiendo con una cuchara metálica grande. Vierta la pasta en el molde.

8. Cueza la tarta en el horno precalentado 1 hora, o hasta que, al pincharla en el centro con un palillo, salga limpio. Desmóldela en una rejilla metálica. Espolvoréela con azúcar glas justo antes de servirla.

TARTA DE ALMENDRA Y MANDARINA

PARA: 8-10 PORCIONES

PREPARACIÓN: 30 MINUTOS

COCCIÓN: 40 MINUTOS, MÁS ENFRIADO

INGREDIENTES

125 g/1 barra de mantequilla sin sal, y un poco más para untar

125 g/⅔ de taza de azúcar

4 huevos, yemas y claras separadas

150 g/1¼ tazas de harina de mijo

2 cucharaditas de levadura en polvo sin gluten

125 g/1¼ tazas de almendra molida

el zumo (jugo) y la ralladura fina de 2 mandarinas

JARABE

el zumo (jugo) de 4 mandarinas

100 g/½ taza de azúcar

COBERTURA

225 g/1 taza de queso cremoso desnatado (descremado) para vegetarianos

2 cucharadas de azúcar

2 cucharadas de nata (crema) extragrasa

1. Precaliente el horno a 180 °C (350 °F). Engrase un molde desmontable de 23 mm (9 in) de diámetro.

2. Bata la mantequilla con el azúcar 3 minutos, hasta que quede esponjosa. Sin dejar de batir, añada las yemas de huevo poco a poco.

3. Mezcle la harina con la levadura y la almendra, e incorpórelo a la crema. Añada el zumo y remueva.

4. Monte las claras a punto de nieve. Incorpórelas con cuidado a la pasta, removiendo con una cuchara metálica grande. Vierta la pasta en el molde.

5. Cueza el bizcocho en el horno precalentado de 30 a 40 minutos, hasta que, al pincharlo en el centro con un palillo, salga limpio.

6. Mientras tanto, para preparar el jarabe, lleve a ebullición en un cazo el zumo de mandarina con el azúcar; hiérvalo 3 minutos, hasta que adquiera una consistencia almibarada.

7. Pinche varias veces el bizcocho con un palillo. Vierta el jarabe caliente por encima. Cuando se haya filtrado por los agujeritos, desmóldelo y déjelo enfriar del todo en una rejilla metálica.

8. Para preparar la cobertura, bata el queso con el azúcar y la nata. Extiéndala sobre el bizcocho y adorne la tarta con la ralladura de mandarina.

ÍNDICE ANALÍTICO